CUENTOS TENEBROZOS
BROZO

Grijalbo

Cuentos tenebrozos

D.R. © 2006 Víctor Trujillo

Con la colaboración de:
Ramiro Gómez Pliego
Óscar Alejandro Aguirre Ramírez
María del Carmen Morfín Cervera
José Antonio Ávila López

Con ilustraciones de:
Jorge Alderete
Julián Cicero
Juan Luis González Gedovius
Alejandro Magallanes
Ericka Martínez López
José Martínez Quintero
Manuel Monroy García
Ricardo Peláez Goycochea
Joel Rendón Vázquez
Irma Margarita Sada Romero

Primera edición en este formato, 2007

D.R. © 2007 Random House Mondadori, S.A. de C.V.
Av. Homero 544, Col. Chapultepec Morales,
Del. Miguel Hidalgo, C.P. 11570, México, D.F.

www.randomhousemondadori.com.mx

Comentarios sobre la edición y contenido de este libro a:
literaria@randomhousemondadori.com.mx

Diseño de portada e interiores: Renato Aranda

Queda rigurosamente prohibida, sin autorización escrita de los titulares del «Copyright», bajo las sanciones establecidas por las leyes, la reproducción total o parcial de esta obra por cualquier medio o procedimiento, comprendidos la reprografía, el tratamiento informático, así como la distribución de ejemplares de la misma mediante alquiler o préstamo públicos.

ISBN: 978-970-780-656-6
ISBN: 970-780-656-7

Impreso en México / *Printed in Mexico*

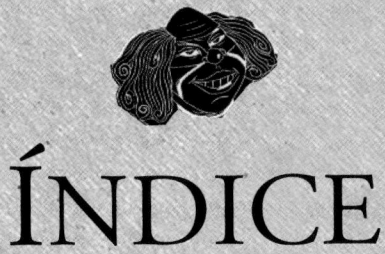

ÍNDICE

El Sapo y el Buey	5
Menea	9
Aladino	13
Blanca Nieves	17
La Caperucita Roja	21
Peter Pants	25
Carnelia la Tejana	29
El Rey Sidas	33
La Cenicienta	37
El Gigante Egoísta	41
El Soldadito del Pomo	45
Hansel y Gretel	49
Rolny Kiss	53
El Vago de los Chismes	57
Hotelo	61
Los Tres Boqueteros	65
La Munieca Fea	69
El Ruizeñor y la Rosa	73
Narcoantonio y Cleopetra	77
Romero y su Prieta	81

Ilustraciones: Juan Gedovius

El Sapo y el Buey

¡Atención! Lo que vas a leer no es cuento, sino una de las famosas cábulas de mi cuate Estopo, que cuando agarraba la mona se le activaban los sesos y se le ocurrían cosas bien chidas. Así que prepárate a disfrutar esta cábula que escribí en este libro de pasta dura, y que ahora vas a tragarte completita. Se trata de El Sapo y El Buey, te digo esto, chamaco, pa' que no te distraigas mientras lees y no pierdas el hilo de la historia.

Allá por los rumbos de la colonia Carrasco, atrás de la Ollin Yoliztli, vivían dos batos bien diferentes, tan diferentes como el día y la noche, tan diferentes como el sol y la luna, tan diferentes como el blanco de la sacarosa y el negro de un chupamirto.

A uno de los batos lo conocían como El Sapo, y no sólo por los eructos que se aventaba el desgraciado asqueroso, sino porque el cuate era panzón, prieto, chaparro, ojón y hocicón. Pero con todo y esto el cuate se creía galán y decía que era bien carita. ¡Carita le hubiera salido la operación pa' arreglarse esa méndiga jeta!, me cai. El Sapo juraba y perjuraba que ya les había croado a todas las princesas de la colonia y alardeaba que todas le decían que sí, porque las convencía de que después del riguroso prau, prau, prau, él se convertiría en un príncipe. ¡Órale!

El otro carnal de esta cábula era Héctor Zavala, mejor conocido por toda la banda como El Buey, y no porque fuera cornudo ni pendejo, como tú pudieras pensar, sino porque éste jalaba parejo y se ayuntaba con cualquiera. ¡No veía edades ni tamaños el infeliz! Agarraba cualquier cosa que midiera más de metro y medio y pesara más de cuarenta kilos. ¡Órale! Dicen que El Buey era muy poderoso, y que cuando andaba con nostalgia el condenado hasta surcos hacía en el piso, me cai, y es que estaba bien grandote y trabado, medía dos metros y pesaba cien kilos, de los cuales, quince eran de la pura coyunta. Y por si fuera poco, era campeón de levantamiento de pesas y también era campeón en levantamiento de tarros: ¡el condenado lacra era capaz de inflarse un barril de cerveza de un solo trago!

Viviendo ambos en un barrio tan chico, pasen a saber, liendrosos, que un mal día se toparon en una cantina El Sapo y El Buey (te veo cara de querer saber lo que sigue, y aunque no de manera larga, te voy a dejar ir cada detalle de lo que sucedió cuando estos dos animales, que se aborrecían, se encontraron). El Buey vio al Sapo, y ni lo peló; se fue a la barra y se puso a chupar con sus cuates, pero el condenado Sapo, que siempre le había tenido envidia al Buey porque era más galán que él, empezó de mugre hablador pa' apantallarlo: «No, yo sí la hago gacha con todas. Yo sí las puedo y ninguna se me resiste. Yo en esta colonia agarro parejo y soy el mero uy, uy, uy».

El Buey nomás lo oía pero ni en cuenta, porque ya sabía que era rehocicón y más mentiroso que político en campaña, pero El Sapo siguió presumiendo sus dizque aventuras, hasta que le cansó la paciencia al Buey, ¡y éste se paró!, o sea, cuando digo éste hablo del Buey, no de aquel que se imaginan. Entonces El Buey le dijo:

—Mira, hijín, mejor vete, eres puro jarabe de pico y ya estás hasta atrás. No das datos concretos, en cambio yo te puedo dar detalles.

No'mbre, El Buey que le empieza a soltar toda la sopa, con nombres, con apellidos, con pelos, señales, olores y sabores.

—Y por si fuera poco, ¡también pasé por el arado a tus carnalas y a tu jefa!

¡Órale! Eso sí calentó al Sapo, pero la gota que derramó el vaso fue cuando El Buey le dijo:

—Tú no eres igual a mí porque nunca podrás inflar como yo mero.

No, no, no, las burlas que le hicimos al Sapo. ¡No se las acababa!, no lo bajábamos de puñal al desgraciado. El Sapo, herido en su amor propio, que se deja ir con la finta y que le dice al Buey:

—Me canso ganso que chupo más que tunas —y que empieza infla que infla; ya llevaba tres barriles cuando surtió efecto la ley de la gravedad: El Sapo se hinchó por tanta chela y se lo llevaron gravemente congestionado pa'l hospital, pero pus no alcanzó a llegar. Entregó el equipo por el camino. Así acabó El Sapo, reventado. Mientras que El Buey sigue arando surcos y dejando vacas locas por toda la suidá. Así que cuídenme a sus hermanas.

Y colorín colorado, la historia de este tamaño se las he dejado.

MORALEJA

«Más pronto cae un prau, prau, prau, que un cojo; a su hermana pregúntenle y verán que es neta».

Ilustraciones: Ricardo Peláez

Érase que se era que en una pintoresca región de Veracruz vino a acontecer una de las más grandes historias de la recochina humanidad. Es por eso, chamacos analfabetos, que aquí les vengo a contar, sin palabrería barata ni payasadas, la neta, la rial, la verdadera historia de Menea.

Ella era una yerbera que vivía de la siembra y distribución de epazote en un pueblucho de mala muerte como hay muchos en nuestro país, es decir: todo jodido, porque sólo uno que otro tenía su vaca que daba leche; les echo de mentiras si les digo que otro podía vivir de la siembra o de la artesanía, y que los demás ya se habían pintado pa' Gabacholandia con el fin de mandar lana de allá para que medio tragaran los de acá.

A la Lupe, que era el nombre de la yerberita, todos le decían la Menea, porque al caminar tenía un meneíto de trasero que Dios guarde la hora. ¡Nomás daba dos pasitos y a uno se le dilataban los oclayos como si fueran limones! Lo meneaba como los barcos en alta mar, ¡pero ya al punto del naufragio! ¡Ya iba pa' allá o ya se iba pa'l otro lado! ¡Órale! ¡Ya me estoy calentando y se me hizo agua la boca!

La vida de la Menea era muy tranquila porque tenía al pueblo todo idiotizado con sus yerbitas y menjurjes y, cómo no los iba a tener así, si lo que les vendía era pura mota, pura doña Juanita, pura mostaza. ¡Chin, se me volvió a hacer agua la boca!

Así hubiera seguido la cosa de no ser porque un día llegó ahí el Jasón, un pelado que al momento les introduzco en la historia. El Jasón era un carnal de la Bondojo al que su padre había desheredado por transa y al que sólo iba a perdonar si se traía de ese pueblo una piel de chivo quesque mágica, que el papá de Menea había usado pa' ganar las elecciones de presidente municipal.

El Jasón, que ya sentía las uñas en la herencia de su jefe, pensó que eso iba a ser más fácil que pelar un plátano y meticulosamente preparó su plan. Se iba a llevar a su banda de Los Vagonautas y llegando al pueblo les iban a dar prau, prau, prau a todos los hombres. Y, bueno, también querían darles su prau, prau, prau a las costeñitas, pero ésa es otra clase de prau, prau. Total, que el Jasón se imaginaba que ya con todos tirados y tiradas, él y Los Vagonautas iban a poder agarrar la piel de chivo mágica y de boleto se regresarían pa'l DeFe.

Pero nomás llegando al pueblo vieron que, aunque pachequitos, todos los machines del lugar traían tamaños machetotes, ¡que el Altísimo los guarde de llegar a conocerlos!, y que si hacían algo, pos los del pueblo les iban a partir toda su maraca. El Jasón, medio culebra pa' los cates, se puso a chillar pensando que la lana de su jefe ya había volado.

En eso estaba cuando lo vio la Menea y ¡órale!, que se enamora del vago ése, y ya caliente, digo, en caliente, le prometió ayudarlo a conseguir la piel del chivo con la condición de que se la llevara de ahí y se casara con ella.

El Jasón, pensando en la lana, de volada aceptó. Menea juntó entonces a todos los hombres en la cantina y los entretuvo con sus encantos al tiempo que les daba su churrito gratis, mientras el Jasón expropiaba la piel mágica.

Una vez consumado el robo se vinieron de volada a la capirucha y le entregaron la piel al papá del Jasón, que ya heredó en vida a su chico, y pasen a saber que además ya es hasta jefe delegacional.

Por su parte, el Jasón y la Menea se dedicaron por mucho tiempo al prau, prau, prau, y a darle gusto a la vida.

Pero un mal día, la Menea se vino a enterar de que el Jasón le andaba poniendo por la colonia a una de las chavas de su cuadra. ¡No'mbre! A la Menea le dio harto coraje y decidió vengarse, y a la tal novia le llevó a regalar unos chones a los que les puso polvos pica-pica. La chava aceptó bajo la mentira de que ellas dos podrían ser muy buenas cuatachas. Nomás se puso los chones y, ¡órale!, sintió que le ardía todo el cuerpo y se

puso como loca, se aficionó a los tales polvos y ya después nada más quería pica-pica.

De la Menea ya no se supo nada, pero hay quien cuenta que llegó a tener tres chilpayates del Jasón y que los mató… ¡pero de hambre!, porque como no sabía hacer otra cosa que menear el bote y vender yerba buena, pos como que los negocios no le resultaron. Ya ven que ora en la capirucha la competencia está bien perrona, y si no eres corporativo, baila Berta como Menea.

Y colorín colorado, la historia de este tamaño se las he dejado.

MORALEJA

«El hombre propone, Dios dispone, llega el prau, prau y todo lo descompone».

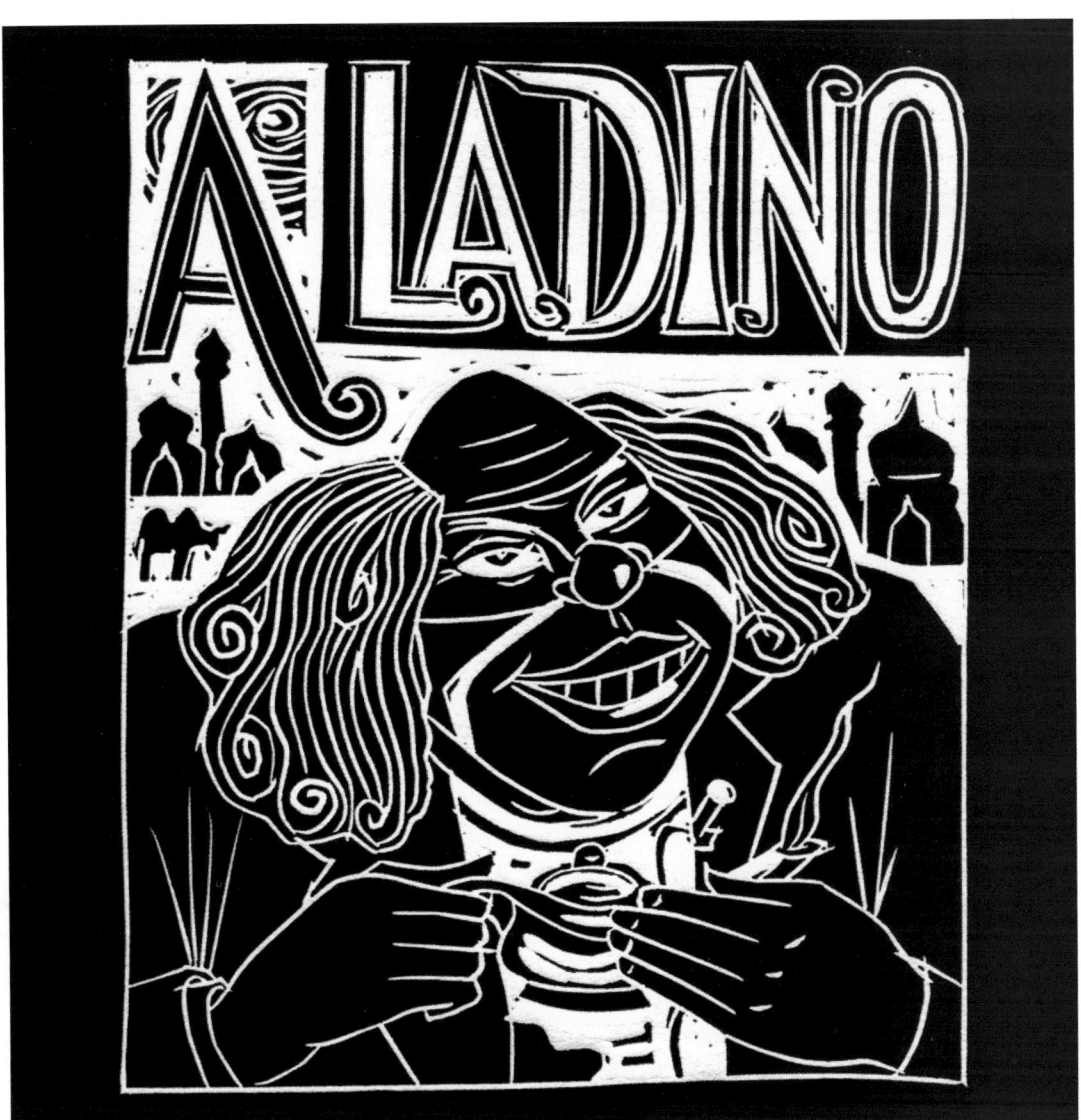

Ilustraciones: Joel Rendón

ALADINO

Éste es un cuento que se los han relatado como si viniera del Lejano Oriente y nanay, viene del Cercano Oriente. Todo sucedió en la colonia Agrícola Oriental. Ahí, en ese vasto territorio inexplorado por los pirrurris, nació Agustín Zepeda. No tenía padre —quién sabe por qué—, pero madre tenía de sobra, y es que todos en el barrio se la recordaban a cada rato, porque el tal Agustincito desde chico daba tanta lata que hasta parecía de cerveza. Era peor que ustedes, me cai: les escondía las pastillas anticonceptivas a sus hermanas, o bolseaba a los novios y les picaba los condones con un alfiler, era peor que ladilla en las cejas el móndrigo infeliz. Pero tenía una gracia, que ni qué: le encantaba el cambalache. Cómo sería de trucha el desgraciado para todo lo que tuviera que ver con el trueque y el regateo, que un día cambió a sus carnalitas por una licuadora, quesque porque sus hermanas molían más. ¡Qué barbaridad! Hacía tantas brutalidades de ésas, que su jefa se la pasaba diciendo: «¡Ah, ladino chamaco éste! ¡Ah, ladino escuincle!» —y nomás se oía—: «¡Ah, ladino pa' acá!» y «¡Ah ladino pa' allá!». Por eso es que en toda la colonia se le conocía por el mote de El Aladino.

El Aladino fue creciendo y cuando su mamá ya lo vio muy labregonzote, cansada de tantas animaladas de su retoño, con todo el amor que una madre puede tener, así como el de la suya, ¡pos lo echó de patitas a la calle pa' que se pusiera a talonear y dejara de estarle fregando la existencia!

Como por arte de magia (y eso sí sigue siendo un misterio en esta ciudá), encontró chamba de cobrador en un chimeco. ¡Órale! Ahí aprendió El Aladino todavía más mañas de las que de por sí ya traía y agarró una que marcaría su vida entera: frotaba todo lo que tenía cerca. Ñora que se subía al chimeco, ñora que era cariñosamente frotada por El Aladino, que era un genio pa' eso de los encuentros cercanos del quinto tipo. Se la pasaba frote y frote carne humana, hasta que se le apareció el chamuco. Le frotó de más a una gordinflona que sí tenía genio, y no le quedó de otra que casarse con ella. Ésa fue la perdición del Aladino… Como la ruca era celosa de al tiro, no dejaba que El Aladino frotara nada de nada. Ni una frotadita de esas inocentes y casuales que se le presentan a uno en cualquier microbús o en el metro. ¡Qué genio tenía la vieja! Cómo sería de gruesa la esposa del Aladino, que toda la raza de la cuadra le decía por sobrenombre La Lámpara. No porque se las pusiera de buró la mantecosa vieja, porque era asquerosamente acstemia. Le decían La Lámpara porque por cualquier cosa se prendía la condenada. Por eso cuando preguntaban por ella, la gente decía: «¿Cómo está La Lámpara de Aladino?»

Ese genio que tenía La Lámpara fue acabando poco a poco con nuestro héroe, que empezó a volverse loco de las golpizas que le acomodaba su ñora. Porque a él siempre le gustó el tanguarnís, pero cada que abría una botella, ¡le salía el genio a La Lámpara, y prau, prau, prau! Pero no del prau, prau rico y sabrosón, sino del gacho. Le daba de cadenazos en los pómulos; agarraba los chacos y se los hacía girar en sus partes más sensibles, bueno, ¡hasta con botellas rotas le zumbaba sus madrinolas!

Con tanto miedo vivía El Aladino, que para fugarse empezó a llegarle a la regañona porque sólo así se sentía alivianado. Se encerraba en un cuarto y se aventaba unos viajesotes ¡que ni con el Challenger, me cai! Pero el miedo y la tatacha hicieron que se pirara gacho. Ya estaba tan tocado que no distinguía entre el día y la noche; el bien y el mal; hombre o mujer, y le había dado por frotar machines… ¡Malísima onda!

Como ya se había quedado forever y no reaccionaba, aunque en los desos le dieran sus toques, se lo tuvieron que llevar a un hospital pa' lorenzos. Ahí terminó sus días El Aladino, solo, triste y desamparado, mientras que La Lámpara, a quien siempre le gustó que le pasaran corriente, pos ya se había enchufado con otro socket.

Y colorín colorado, la historia de este tamaño se las he dejado.

MORALEJA

«Cada vez que sus mamases les quieran frotar algo en el pechito o en la espalda, cerciórense de que sea pomada, no vaya a ser que me los ensarten, como le sucedió al Aladino».

Ilustraciones: Manuel Monroy

Esta historia ocurrió en un país muy, muy lejano... ¡De China!..., porque fue aquí cerquita. Agarro mi pluma café y la saco, veo un par de hojas blancas y les echo el ojo, las usaré para narrarles la aventura que a continuación leerán.

A'i les va la verdadera historia de Blanca Nieves. Le decían así, no porque estuviera muy blanquita, porque la neta era una morenita color de llanta, pero se llamaba Blanca Ortiz, y como se dedicaba a vender nieves de sabores allá por la Gómez Farías, pus todos le decían Blanca Nieves.

Blanca Nieves era huérfana, y una ruca llamada Fidencia la había recogido, bueno, levantado, y le daba chance de vivir con ella a cambio de que le pasara la pequeña y módica cantidad del 95 por ciento de lo que ganaba con sus nieves. ¡Órale, qué buen corazón el de la ruca!

Todo iba suave pa' la Blanca Nieves, hasta que por efecto de los cochinos años empezó a crecer y a desarrollarse. Se llenó de bolas donde antes no tenía y las caderas se le pusieron más redondas que curva de carretera, se puso bien prauprauseable. Ahí empezó lo gacho, porque un ruco llamado Melquiades, que era el pioresnada de la Fidencia, empezó a ver a la chava con ojos de hambre. La cabuleaba y le decía:

—¿Aparte de nieves no haces raspados? Porque se me antoja uno de kiwi contigo.

Ella ni lo pelaba, pero la Fidencia se dio color de que su viejo ya quería meter el popotín en otro chesco, y un día, por la decepción se puso a chupar y ya que estaba bien persa a la vieja loca le dio por hablar con el espejo y le dijo:

—Espejito, espejito, ¿quién es la mera mera del Melquiades?

El Melquiades, que la oyó, pensó: «Ahorita me deshago de la ruca, le voy a contestar yo pa' que crea que es el espejo, y a ver si del susto le da un infarto, y me deja el camino libre con la Blanca Nieves». Y el cábula del Melquiades que le contesta con voz de espejo:

—Blanca Nieves es la picuda.

—¡Órale! —dijo la ruca, y que le vuelve a preguntar al espejo—: Neta, no manches. ¿Quién es más bonita: ella o yo?

Y el Melquiades que le responde: —¡Ya te dije que Blanca Nieves, pinche vieja sorda!

Ésa fue la gota que derramó el vaso. La Fidencia no aguantó más los elotes y corrió a Blanca Nieves con aquello de: «Este hombre no se toca».

La niña se salió a la calle quedándose donde un alma caritativa le diera albergue. Yo le di albergamiento una semana, pero ya después me aburrió y la corrí.

De nuez en la calle, Blanca Nieves se encontró con siete carnales que limpiaban parabrisas. Les decían Los Siete Enanos, porque apenas llegaban al metro, o sea al metro de estatura, no al metro Pantitlán, porque serían muy idiotas si se fueran a limpiar parabrisas al metro. Estos lacras también eran huérfanos porque su jefa palmó y su jefe los abandonó pa' juntarse con otra.

Como la Blanca Nieves no tenía de qué vivir, porque la mugre Fidencia se quedó con su carrito de nieves, que le entra a la limpiada de parabrisas, a hacerle al payasito, a picarse un tapón, un estéreo, ya sabrás, se clavaba de todo.

Un día la Fidencia se arrepintió y fue a buscar a la Blanca Nieves pa' que la perdonara, no porque la quisiera mucho, sino porque ella ya no vendía ni una mugre nieve. Cuando encontró a Blanca Nieves, le dijo que regresara a la casa, pero Blanca Nieves no quería, porque ya les había agarrado aprecio, entre otras cosas, a todos los enanos. La Fidencia le rogó y rogó, y hasta le dijo que se los llevara a todos al cantón.

Y a'i va toda la bola a la vecindad, y ni se imaginan la sorpresota que se llevaron al llegar. Pus resulta y sucede que, cuando Los Siete Enanos vieron al Melquiades, se dieron color de que no era otro más que ¡su jefe! ¡Y órale!, que se arma el chilladero: «Que hijitos míos», «Que papito el mío», «Que mamacita, ven pa'ca», «Que deja abrazarte». Bueno, aquello fue un abrazadero.

Todos vivieron muy felices. Había prau, prau a todas horas, porque la Fidencia se puso a darle con todos los Enanos, y la Blanca Nieves también hacía lo propio. Hasta al Melquiades se le hizo. Dicen las malas lenguas que después de eso, la Blanca Nieves y la Fidencia pusieron una casa de citas, y que por un quinientón, la Blanca Nieves se echa unos raspadotes de cualquier sabor y color, luego les digo dónde es pa' que vayan a visitarla.

Y colorín colorado, la historia de este tamaño se las he dejado.

MORALEJA

«Si te corren de tu casa, y estás buena, yo te recojo un par de días».

LA CAPERUCITA ROJA

Ilustraciones: Alejandro Magallanes

Fieras salvajes, naturaleza y quecas se combinan en este cuento que están a punto de leer. Es la historia rial de Tiburcia Camacho, mejor conocida como Caperucita Roja, porque como era medio tarolas siempre le decían: «¡Buza, caperuza, esto! ¡Buza, caperuza, l'otro!»

Y de cariño le empezaron a decir Caperucita. Y lo de roja fue porque la chamaca tenía las greñas de color rojo, las chapas rojas, los peluches rojos… ¡Los peluches con los que se dormía en su cama, escuincles cochinos! Y siempre se vestía de ese color.

Ella vivía con su jefa y tenían una fondita, ahí trabajaba de acomodamesas; y un mal día, la abuelita de Caperucita se puso muy mal porque tenía broncas con los pulmones. Sobre todo con los curados de jitomate. Cada ocho días se aventaba hasta quince litros la vieja y como si nada, hasta que ese día la babas botaneó con jícamas y le entró una fuerte y enorme cruda.

La mamá de Caperucita Roja le dijo que se lanzara a cuidar a su abuelita, que vivía en el bosque del Ajusco, y le dio a la chamaca una canasta con comida pa' que se la llevara. De boleto Caperucita Roja tomó camino pa'l cantón de la ruca, pero en eso la apañó El Lobo, un microbusero al que le decían así porque tenía un colmillote y estaba bien peludo el infeliz. El Lobo le preguntó a la Caperuza:

—¿A dónde vas, mi reina?

—A ver a mi abuelita al bosque del Ajusco —contestó la chamaca.

'Tonces El Lobo se ofreció a llevarla, pero no crean que por buena onda, sino porque el muy gandalla pensó: «Ya estando entre yerbas y árboles, le suelto mi choro mareador a ésta, y ¡prau, prau, prau!», y es que Caperucita Roja estaba como pa' darle un aventón... ¡pero al colchón! Ella aceptó el rai y, cuando iban a la mitad del camino, El Lobo que apaga el micro y que le sale con el truco de: «Se acabó la gasolina».

Caperucita dijo: —Chales, ¿y ora qué hacemos?

El Lobo le contestó: —Pérate a que llegue el seguro.

Pero el seguro prau, prau que le iba a tocar a la buenona.

Pasó una hora y nada; por más que hacía El Lobo, Caperucita Roja no aflojaba ni mais, hasta que ella de plano le soltó:

—No, pus ahí te lo lavas, desde aquí me voy camellando.

—¡Nel, tú no te vas de aquí hasta que hagamos bizcos juntos! —dijo El Lobo, y que la agarra pa' empezar a darle su prau, prau, pero Caperucita le dio un patín ahí donde las arañas hacen su nido, y que se baja hecha la... ¡rápido!, dejándole su marca al Lobo porque se los dejó rojos, rojos.

Al reponerse, El Lobo pensó: «Ora vas a ser mía, quieras o no», y el méndigo agarró pa' casa de la abuelita, llegó al cantón y apañó a la viejita, la encerró en el ropero y la dejó amarrada. Él se vistió con un camisón de la rucaila, en la choya se puso un trapo viejo como peluca, se pintó unas chapas y se metió a la cama.

Cuando Caperucita llegó, vio rara a su abuelita, pero pensó que era por la cruda que se cargaba, y que le dice:

—¡Qué ojos tan grandes tienes, abuelita!

Y cómo no, si con el patín que le puso al Lobo los ojos le quedaron saltones. Luego Caperucita Roja le dio al Lobo unos chilaquiles bien picosos que traía en la canasta, y como ya estaba bien hambreado, se tragó todo de volada, ¡y se dio una enchilada que hasta se estiraba las orejas! Y Caperucita le dijo:

—¡Qué orejas tan grandes tienes, abuelita! —y se siguió con que—: ¡Qué boca tan grande tienes, abuelita! —y es que por la méndiga enchilada El Lobo abría un hocicote de este tamaño y babeaba como perro, y es que los chilaquiles tenían chile de árbol, chile mascabel, chile pasilla, chile pasuollo, en fin, un resto de chiles.

Cuando se le pasó lo enchilado al Lobo, pensó: «Orita es cuando le voy a dar su prau,

prau a Caperucita», pero pa' su mala suerte entró El Leñador, un ruco, vecino de la abuela, que se encargaba de surtir leña a todos los puestos de quecas. Que se va sobres de la abuelita, bien enojado y con un leño en la mano, porque la rucaila le había dado baje con dos mil varos. ¡Le empezó a dar leño tras leño tras leño! Sin darse cuenta de que era El Lobo disfrazado, El Leñador le puso un megaprau, prau al Lobo, que terminó convirtiéndolo en coyota. ¡Cómo aullaba el desgraciado!

Desde ese día, nunca se volvió a saber nada de él, pero los chismosos dicen que anda buscando al Leñador, y no pa' vengarse, sino pa' que le siga dando momentos de felicidad.

Y colorín colorado, la historia de este tamaño se las he dejado.

MORALEJA

«Si ves que te acercan un leño, corre con mucho empeño».

Peter Pants

Ilustraciones: José Quintero

En una abrupta y salvaje tierra llamada Nogales nació Peter Pants. Bueno, se llamaba Pedro, pero como era del norte, desde chico le pusieron el Peter y como pa' todo traía su ropa de deportes no faltó un cábula que lo bautizó con el mote de Peter Pants. A él le latió el apelativo y así que se lo dejó.

Peter Pants vivía en La Lagunilla y controlaba una banda de niños, quesque sin hogar. Los agarraba bien chavitos, los malcriaba y luego los explotaba. Peter y su banda vivían en una pocilga de la calle de Tabiqueros. Los chamacos se alimentaban con lo que Peter les daba, o sea puro pulque y pan con lo mismo.

Los escuincles que había apañado el Peter no se atrevían a abandonarlo porque los tenía bien amenazadotes con la mismísima muerte, es por eso que la casa donde vivía la banda era mejor conocida como La Tierra de Nunca Te Vas. Y aunque Peter Pants era el jefazo, había una segunda de abordo más peligrosa que ninguna: Mastransita. ¡Qué ruin era esta chaparra méndiga! Decían que hasta bruja era la tal por cual. Al Peter se lo tenía bien enyerbado y todos los niños le tenían terror. Total, que Peter Pants y Mastransita taloneaban a toda la conejeada menuda del Defequeño.

Una noche, el Peter bien pedales y todo norteado fue a dar a la colonia Del Valle y licó una de esas casas muy popofs, y pa' pronto se le hizo agua la uña. Como gato empezó a trepar por una enredadera y acabó metiéndose por una ventana abierta. Quiso entrar sigilosamente, pero como venía bien briago, se atoró con la cortina y ¡a'i va de hocico! Pa' su desgracia, ahí dormían dos niños, que se despertaron de volada con el ruido y chillando del susto le preguntaban:

—Tú eres el coco, ¿verdad?

«¡Ah, chirrión! ¿Y a éstos quién les dijo o qué onda?», pensaba el Peter. Justo en ese momento entró a la recámara Wendy, la hermana mayor. Peter al verla se quedó de a seis; diecinueve años tenía la becerrita y traía puesta una batita de esas de «Sóplale y surprise». El Peter aullaba, niños, y Wendy, que ya tocaba de oído, ¡imagínense la calor! Pa' salirse con la suya, y la de todos ustedes, el Peter que empieza a soltar un choro macizo:

—Los vengo a invitar a La Tierra de Nunca Te Vas, un nuevo parque de diversiones muy chidote, muy acá, ¡no se la van a acabar, niños! —los dos hermanitos nomás babeaban—. Es más, me los voy a llevar volando.

—¡Ay sí, volando! ¡Cómo no! —dijo el babosote de Miguelito.

El Peter les dijo: —Sigan está línea blanca y van a ver cómo vuelan, niños.

Y así fue como el Peter Pants se llevó a los hermanitos volando.

¡Fue un viajezote largo, largo! Las estrellas, unas garzas, elefantes morados con una pata, o sea, dándole a una pata que nomás hacía ¡cuac, cuac!, dragones enanos saliendo de un excusado. ¡No'mbre, fue una onda gruesísima!

Cuando llegaron a la guarida Peter mandó a los dos escuincles a dormir al suelo con los otros chavos de la banda. Wendy ya se iba a acostar junto a sus hermanitos, pero Peter rapidito que le dice:

—No, no, tú no. A ti y a mí nos va a cantar el gallo.

Ya estaban invocando el sacrificio, cuando se les aparece Mastransita echando fuego de los puros elotes.

—¡Ora sí te manchaste, gandalla! ¡Te vas a arrepentir, me cai, no sabes con quién te estás metiendo, loco!

Mastransita salió del cantón y se fue directamente a la delegación a soltarle la sopa a la chota. Le contó todo al capitán Garfias, el policía más ganchudo de toda la corporación, el mero mero petatero, que toda la vida había querido amacizar al Peter Pants. La condenada enana traidora, a la hora de declarar, soltó todo… con pelos y más

pelos. El capitán Garfias agarró butimil julias cargadas de azules ¡y sobres del Peter y toda su banda! ¡Qué revolcada le dieron al Peter! Bueno, primero a la Wendy. Y el capitán Garfias acabó de un solo golpe con toda La Tierra de Nunca Te Vas.

Peter quiso huir, pero las patitas no le respondieron, y cómo no, ¡después de cuatro raunds con la Wendy, hasta yo andaría tembeleque!

Ahora Peter purga una condena de veinte años en Santa Martha, y todos los chamacos, incluyendo a los mocosos de la Del Valle, andan taloneando en una granja correccional. A la suculenta de la Wendy la guardaron cinco años en la cárcel de mujeres, por petición especial de Mastransita, quien se dedica a administrar un salón de fiestas infantiles allá por la colonia Maravillas.

Y colorín colorado, la historia de este tamaño se las he dejado.

MORALEJA

«No es lo mismo la cómoda de tu hermana… que, Wendy, ábreme la ventana».

CARNELIA LA TEJANA

Ilustraciones: Dr. Alderete

Esta historia que van a leer no ocurrió en un país lejano, encantado por las hadas y los duendes. Ocurrió en Chilangolandia, que ya está desencantada por tanto rata y tanto transa.

La protagonista del relato se llamaba Carnelia Espino, y no es por dárselas a desear, pero era una morra chaparrita, bonita, con una boquita que se antojaba pa' unos buenos besos y una que otra ma… jadería que se le salía a la chamaca, porque tenía su carácter, pero qué linda era. Y como su nombre lo indica, Carnelia estaba carnudita, esponjosita, parecía uno de esos pastelitos con relleno de cajeta. ¡Saco cada recuerdo de mi mente al transportarme a esos ayeres!

Carnelia era mejor conocida como Carnelia La Tejana, porque era de San Antonio... de San Antonio Abad, pero en el terremoto del 85 se le había caído encima la casa, con todo y techo blanco, y como la encontraron abajo de un friego de tejas, pus la empezaron a llamar Carnelia La Tejana.

Esta ingenua chamaca se ganaba la vida haciendo demostraciones de aerobis y cualquier otro tipo de ejercicio que involucrara colchón, sudor y esfuerzo, en la esquina de Insurgentes y Viaducto. Allí fue donde conoció a Emilio Marela, un agricultor de Sinaloa, rancherote, bigotón, grandote, pelado y encajoso como él solo, que contrabandeaba en la frontera té de boldo y hojas de naranjo.

Cuando Emilio vio a Carnelia, sintió que el cielo se abría y que los ángeles tocaban en sus arpas una hermosa melodía de los Tigres del Norte, y extasiado por esa visión maravillosa, apenas pudo decir tres palabras: «¡Prau... pau... prau!» Carnelia La Tejana, también embriagada por el elíxir del amor y con la garganta hecha un nudo por la emoción, sólo logró balbucear otras tres palabras: «Cuesta... ochocientos... varos».

No dijeron más y se fueron a buscar un nidito de amor. Acabando el riguroso prau, prau, Emilio la invitó a que lo acompañara a Los Ángeles, donde tenía un negocio de cambio de llantas. Carnelia, enamoradísima, le dijo que sí, con la condición de que le diera sus ochocientos morlacos d'arina y huevo...

—Soplas que sí, pero nos vamos a ir un tiempo largo —dijo Emilio.

—Más cantidades extras por viáticos, entonces —agregó Carnelia.

Se lanzaron pa' Tijuana en avión y ahí agarraron un coche y se fueron por San Isidro. Al llegar a San Clemente los paró la Inmigración, y en cuanto los de la migra vieron las cositas que tenía la Carnelia nomás dijeron:

—¡Pasa... porte!

Y como ella no traía papeles, pos sí les tuvo que dar su mordidota. Con decirles que todavía hay dos que están en el hospital, muy débiles y lastimados, ¡pero con una sonrisota de rebanada de sandía!

Se siguieron de largo y agarraron pa' Hollywood y llegaron a un callejón oscuro. La Carnelia nomás vio oscuridad y se empezó a encuerar, pero Emilio le dijo:

—Nel, orita no, mejor agáchate porque vamos a quitar las llantas del carro, pa' cambiarlas.

Emilio Marela sacó la llave de cruz y se pusieron a aflojar las tuercas... Ya despúes también cambiaron las llantas.

Al rato se presentaron unos batos con los que Emilio Marela iba a hacer la transa, llegaron en un carro blanco... Hecho la mocha Emilio quiso cerrar el bisne, pero cuando los carnalitos vieron las carnosidades de Carnelia le dijeron al Emilio:

—Te cambiamos dos llantas nuevas por la vieja.

Él se ofendió y les dijo que traficaba honradamente con matas de epazote, pero que no era ningún padrote. Los tipos ni lo pelaron, sacaron un fajote de billelles y le dijeron a Carnelia:

—Mi reina, ¿qué verde te gusta más: el de la yerba de este apestoso, o el verde de estos billelles?

¡Órale! Carnelia nomás vio los dolarucos y ya quería hacer con todos su rutina

de aerobis de alto impacto. El Emilio que se calienta y que saca su pistola… o sea su fusca… o sea de las que hacen pum, pum… no prau, prau. Emilio, pistola en mano, les dijo:

—¡Me atravieso al que intente agarrarle algo a Carnelia!

Los de la banda del carro blanco se sacaron de onda, pero Carnelia, que ya sentía amor por los billelles verdes, ¡agarró la pistola de Emilio y se la retorció! ¡Le dio como cuatro jalones! Emilio no aguantó, y ahí mismo quedó tirado.

Carnelia La Tejana les vendió las llantas a los del carro blanco, sacó provecho y se echó a huir con los billelles. La policía sólo halló una pistola tirada; del dinero y de Carnelia nunca más se supo nada.

Y colorín colorado, la historia de este tamaño se las he dejado.

MORALEJA

«El prau, prau y el contrabando son cosas incompartidas».

El rey Sidas

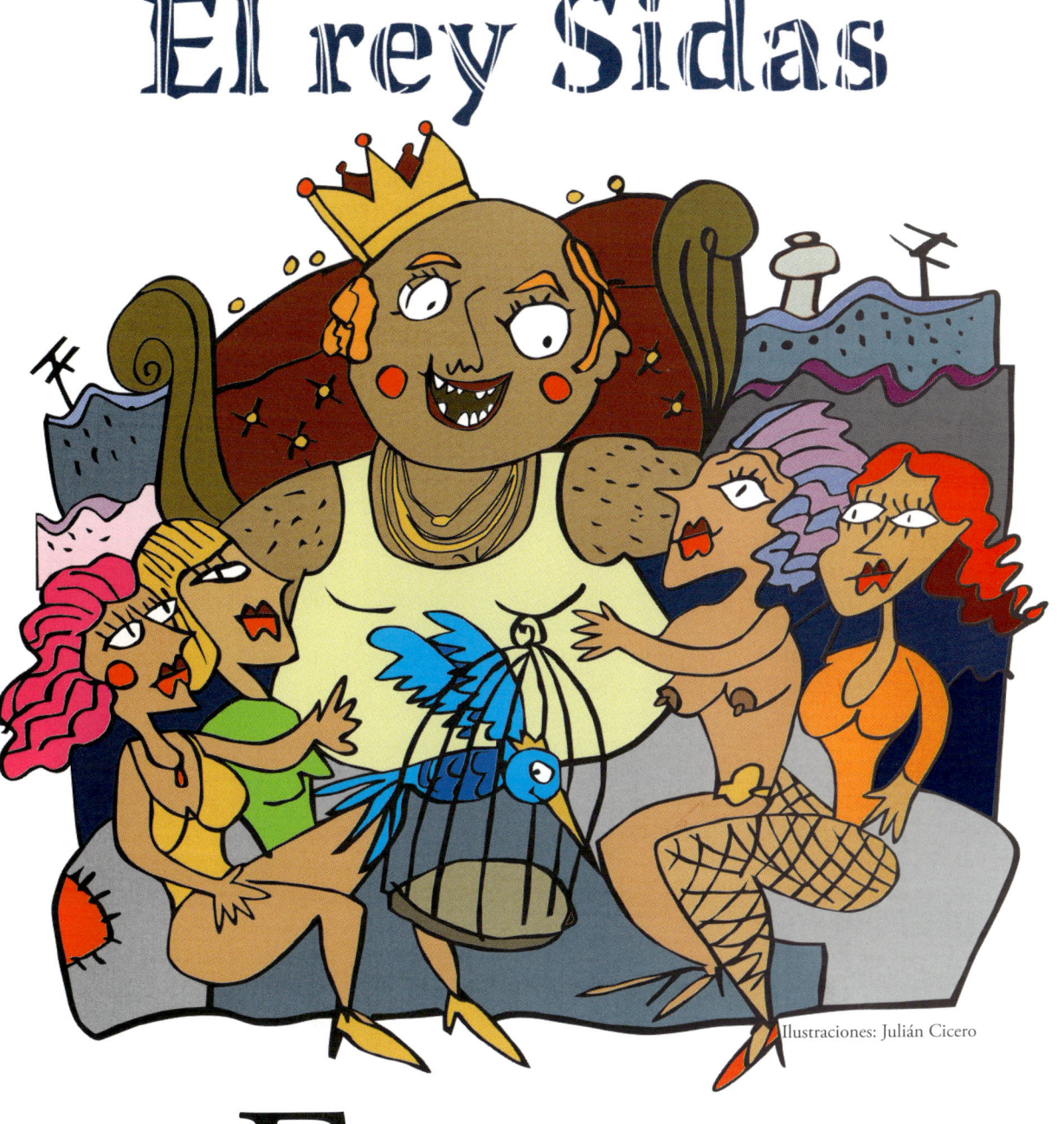

Ilustraciones: Julián Cicero

Esta historia que van a leer no habla de un castillo, ni de una princesa, ni de una reina. Pero en ella sí hay un rey y es que es la verdadera historia, la rial, la neta, del Rey Sidas. Yo lo conocí desde chiquilín. Péguenme entre todos si no vale la pena conocer la vida de este valedor.

Era un carnal llamado Reynaldo Palomino, que vivía en la más picuda de las setecientas colonias que hay en el D. F. Vivía en lomas… en lo más grueso de la Merced.

El Rey Sidas

Era un bato feo como la... ¡fealdad!: prieto, chimuelo, caspa y piorrea, además era pelón. ¡Más canija no pudo haber sido su gachez! Este haragán se la pasaba sentado en las banquetas lanzándole el can a cuanta chava pasaba. Se les aventaba gacho diciéndoles:

—¡A ver, mi reina, mamacita, como una oferta, como una promoción, mire usted lo que le traigo; llévelo, llévelo, sin compromiso y le hago su porsupuesto, si no le gusta se lo repito y hasta le doy pilón, ire, ire!

Ante tal alarde de tarugadas, las viejas lo trataban como si fuera plátano podrido. ¡Nadien lo pelaba! Y el pobre güey andaba desesperado porque a sus treinta y cinco años todavía no inauguraba su pirrimplín. ¡Bueno, con una chava! Porque payasadas sí se hacía él solito todas las noches, tanto que se hizo harto daño y estaba al borde del suicidio.

Para darle solución a su problema se fue al mercado de Sonora con una ñora a la que conocían como La Pitonisa. No es un albur, así se dice, niños, pitonisa. Pero pa' qué les digo, si pa' dentro de dos líneas se les va a olvidar. Total, que esta ñora vendía toda clase de remedios pa' las enfermedades: el famoso Aflojanil pa'l estriñido, el Saconil pa'l cacarizo y el Damenal, gotas para los ojos. ¡Tenía rebuén surtido la bruja!

Pa'livianar al Reynaldo, la ñora le vendió un pájaro chupamirto de ésos pa'l amor, le dijo que invocara tres noches seguidas al poderoso espíritu del armaño, sujetando entre sus manos una vela, al tiempo que repetía en su mente: «¡Quiero prau, prau! ¡Necesito prau, prau! ¡Me urge un prau, prau!»

Así le hizo el Reynaldo durante tres noches y a la cuarta, ¡órale! Toda su apestosa y abstinente vida cambió. Cuando salió a la calle las tortitas le aventaban las luces altas, los faros de niebla, hasta le ponían por delante los faros de penetración, me cai. Todas querían con él, y él, que de primer momento se había quedado como apendejado, de inmediato y una vez que pudo disimular la rigidez que se le evidenciaba en la parte baja del... ¡rostro! por los efectos del menjurje, decidió darse un buen banquete de ¡prau, prau, prau! con quien le pusiera entusiasmo y con quien se las pusiera enfrente. Y se le pusieron varias: de frente, de lado, de espaldas. Y Reynaldo, entonces, se dio cordón de que le salió bueno el pajarito... o sea, el chupamirto que le vendió La Pitonisa. ¿Agarran la onda?

Con el tiempo hasta de lana le fue bien. Descubrió su visionario talento pa' los negocios ya que empezó administrando a un par de piojosas del Callejón de la Soledad y acabó como representante administrativo de las trabajadoras sociales de Sullivan, Viaducto y Tlalpan.

¡No'mbre! ¡Todas estaban felices! Él les ponía a ellas y ellas quedaban contentas, y como estaban contentas, se le ponían a él con la lana y sin chistar siquiera. Terminaron por llamarlo El Rey, y así se sentía él: rey.

Vivía tan confiado en su buena fortuna, que apañaba de todo y con todo, era parejero, y ni guantes se ponía. Fíjense qué raro, tan profesional que era El Rey y se metía a la mina sin casco, el muy baboso. Y claro que en uno de esos apañones a él terminó por apañarlo el sida. En cuanto se corrió la noticia todos le empezaron a decir El Rey Sidas. Y cómo no, si ya con el veneno de la desgracia en las venas a cualquier cosa que agarraba le pegaba lo mismo.

Ésa fue su tragedia, porque pos ya ni quién quisiera acercársele. Sus protegidas dejaron de pasarle su corta, nadie lo saludaba ni le hablaba, bueno, se quedó más solitario que la sede nacional del PRI en aquella mítica época de su derrota en la que se fue mucho hasta… ¡el tercer lugar!

Un día el Reynaldo desapareció y nadien ha vuelto a saber de él.

Ésta fue la triste historia del Rey Sidas y no Rey Midas como ustedes dicen, porque eso nada más se presta al albur: «Que si Midas esto, que si Midas lo otro, que si Midas aquello».

Y colorín colorado, la historia de este tamaño se las he dejado.

MORALEJA

*«Aunque la vida sea un camote, no agarres lo que sea,
porque te pueden ensartar una enfermedad».*

Ilustraciones: Margarita Sada

La cenicienta

Lean ahora un lindo cuento pa' que hagan la meme, o mejor no, porque si se quedan jetones no me leen. Van a conocer la historia de una chamaca llamada Lupe Labastida, que era sirvientita en una casa de por Colinas del Pasado. A Lupita le encantaba jugar a las canicas y siempre traía las rodillas cenizas de tanto estar hincada, por eso le decían La Cenicienta.

La Cenicienta chambeaba en el cantón de una viuda y sus dos hijas. La ñora era tan gorda que en vez de secarse con toalla, mejor se revolcaba en la alfombra, y sus hijitas estaban más federales que la carretera a Cuernavaca. Por su culpa los espejos mejor se volvían ventanas, me cai.

Ahí mismo dominaba toda la onda Romualdo Santoscoy, mejor conocido como El Príncipe, porque era dueño de la famosa cantina El Castillo, lugar donde un día organizó un reventón e invitó a todo el personal de por ahí. Todas las chavas querían ir para ver si se les hacía con El Príncipe, y no porque fuera muy guapo, porque estaba bien feíto, con decirles que tenía acné hasta en sus rinconcitos, pero eso sí, le sobraba la lana.

Cuando la viuda se enteró, se le ocurrió que ella podía ser la suegra del Príncipe y así convertirse en la mera mera cualesquiera. Como su par de hijas eran para la vista un laxante, le empezó a lavar el coco a La Cenicienta:

—Tú eres hija de mi difunto esposo, fuiste un voladín de su juventud, por eso siempre has vivido con nosotras.

Pero La Cenicienta ya sabía que cada vez que la vieja le hablaba suave era pa' pedirle prestado, así es que ni la peló.

La ruca pensó un plan mafufo y se disfrazó de hada madrina. Se envolvió en una cortina de encaje celeste, unas medias de red plateadas y se hizo su varita mágica con un palo al que le puso una estrella del árbol de navidad. Así disfrazada le cayó a La Cenicienta a la medianoche.

La Cenicienta se despertó y sacada de onda decía nomás: «Una, dos, tres por mí y por todo mi cuerpecito». Y la timbona echándole onda de hada le decía:

—No te espantes, soy tu hada madrina.

La Cenicienta contestó: —No'cierto, tú me quieres hacer algo. Si eres mi hada, ¡demuéstramelo!

Y a la mantecosa nada más se le ocurrió:

—¡Bibidibabidibú!

—¡Órale! —dijo La Cenicienta—. Ésta sí es hada madrina, sólo un hada o una pacheca dirían Bibidibabidibú. Y ésta no está pacheca, porque todavía escupe.

'Tons la dizque hada que le dice:

—Lupita, tú sí eres hija del patrón, tu madrastra te quiere un friego y tienes que ir a la pachanga del Príncipe —y la convenció.

El día del reve, La Cenicienta iba echando tiros; es que había comido hartas lentejas. Se bañó, se pintó, bueno, hasta cal se puso en las rodillas. Se puso poderosa; se le veían unas piernitas como de sillón Luis XV.

Ya en el festejo La Cenicienta se empezó a aventar sus alipuses, uno tras otro, para entrar en onda, y es que aguantaba el resto. ¡Como agua se le iban los tragos! Cuando ya estaba hasta las termópilas, la sinfonola empezó a tocar *Viva mi desgracia*. ¡Y órale!, como ésa sí le llegaba que empieza a encuerarse. El Príncipe la vio y nomás se dijo pa' sí mismo: «No soy nadie si yo con ella no ¡prau, prau, prau!» En eso estaba cuando el tequila le empezó a hacer circo en la panza a La Cenicienta y le dieron ganas de rociar a la concurrencia. Pa' no hacer el oso, agarró lo que pudo de su ropa y salió hecha la... ¡rápido! Pero por la prisa dejó olvidada la cuna de sus niñas, que

más bien parecían hamacas yucatecas pa'gemelos. El Príncipe de volada comenzó a preguntar:

—¿Quién es esa chava? ¿Alguien sabe dónde vive esa trenzuda?

Pero nadie le supo dar razón, porque como Lupita llevaba cal en las rodillas, no la reconocieron. El Príncipe vio la prenda amada, la recogió y dijo: —Con quien llene esto quiero todo.

Al otro día andaba El Príncipe por toda la colonia probando el bra y todas se prestaban; con suerte y les quedaba. Pero a ninguna le vino. Mientras hallaba a la ganona, El Príncipe se daba unas divertidas padres. Hasta que llegó a la casa de Lupita. La viuda llamó a sus dos hijas, pero El Príncipe nomás las vio y dijo:

—No, pos a ojo de buen cubero me cai que no les queda —hasta que vio a Lupita; se lo puso y le quedó. El Príncipe y La Cenicienta se casaron. No tuvieron hijos pero pusieron una cadena de cantinas a las que llamaron Bibidibabidibú.

Y colorín colorado, la historia de este tamaño se las he dejado.

MORALEJA

«Hay madrinas buenas, y hay madrinas que te mandan al hospital».

Ilustraciones: Éricka Martínez

Érase que se era un reino muy hermoso en donde vivía un carnalito llamado Salomón Farjat Kuri, mejor conocido en el reino como El Gigante Egoísta. Y es que el Salomón calzaba grande de todo el cuerpo; estaba grandote en serio, medía más de dos metros de los pies a la cabeza y de enfrente ya ni les cuento, se necesitaban tres escobas pa' barrerlo al infeliz. Este carnal había heredado de su familia varios terrenos que abarcaban desde el aeropuerto hasta Los Reyes, allá por la famosa calzada Zaragoza, cuyos atractivos van desde perros atropellados hasta borrachos haciendo del cuerpo.

En las tierras del Gigante los lugareños se iban de día de campo, es más, yo iba allá de chavo a tirarles piedras a los patos, ahí en lo que era el lago de Texcoco. Ya más grandecito, me iba a los balnearios que había por allá, con dos, tres chamacas, pa' enseñarlas a hacer bucitos, nadar de pecho, un sincronizado, el perrito y un sinfín de suertes acuáticas más. Por aquellos lares y en aquellos tiempos hice mi primera payasada e inventé «el submarino vacilador», que es una suerte que ni se las cuento porque por poco ni la libro y, además, ésta es la historia del Gigante, no la de mi vida sexual con mis viejas.

Resulta que un día el tal Gigante se dio tinta de que en sus terrenos los vecinos se metían a pasársela bien rico: llevaban sus cazuelas con guisados pa' taquear, las chelas en sus hielerotas y los huevos cocidos, bueno... eso era ya después de un rato de tomar el sol.

El Gigante un día, hasta su jefa de que todos la pasábamos muy bien en sus terrenos sin caernos con una feria, se presentó ahí mismo bien encamionado y con voz bien ronca que pega un grito:

—¡Órale! ¡Perros del mal! ¿Qué demonios están haciendo en mis terrenos? ¡Aquí nadie se mete de a gorrión! ¡Así que cúchale todos, marranos, a echar sus pulgas a otra parte!

Todos los presentes salimos corriendo por miedo a la venganza del Gigante y a que andaba siempre con un garrote en la mano. En la carrera todavía alcanzamos a oír su grito:

—¡Corran, corran, porque yo de que me vengo, me vengo!

El Gigante de volada mandó rodear todos sus terrenos con alambre de púas y puso madrinas que nomás veían que alguien se acercaba, se sacaban las macanas y del puro susto todos corrían hechos la... ¡duro!

El Gigante tuvo una buena idea pa' ganar billete de sus tierritas y planeó que a todo el que quisiera entrar podía venderle un terreno, así que se dedicó a fraccionar y creó hermosas comarcas tan legendarias como la Aviación Civil, la Pantitlán y hasta la Ampliación Santa Martha. El méndigo Gigante, en lo que canta un gallo, se hinchó de lana el infeliz, y la gente perdió el chance de divertirse sin palmar un tlaco. El Gigante, con tanto fraccionamiento, hizo que las áreas verdes desaparecieran y ya nadie se acordaba de lo verde, puro cemento... o sea, casas de cemento, banquetas de cemento. La tristeza inundó la región, los chamacos ya no tenían dónde jugar, porque El Gigante no dejó ni un parque. Y sus jefes, resignados, no podían hacer otra cosa más que ¡prau, prau, prau! Por eso el reino del Gigante se pobló de volada, pero de gente triste, sin ánimos. Esta desolación tambor le pegó duro al Gigante, que al darse color de esto se dijo a sí mismo: «No, no, esto no está bien, he sido muy egoísta, hay que llevar diversión a los chamacos; voy a construir un parque ahí en el terreno que me guardé enfrente de Santa Martha».

Pero a nuestro nuevo Gigante, ya no egoísta, no le dio tiempo de realizar su sueño porque a la de «¡Viva México, cabrones!» le cayó en sus terrenos una banda de pinches paracaidistas que le invadieron el lugar. El Gigante, con todos sus guaruras, trató de sacarlos pero nomás no pudo. Los paracaidistas le cayeron encima y le dieron su prau,

prau, prau del más gacho, lo surtieron refeo. Hasta la fecha la bronca con las tierras del Gigante sigue dura, siéntense bien que ya casi termina la historia, escuincles. La neta es que ni con lana, ni con madreadores y ni con mordidas en la delegación El Gigante ha podido correr a los paracaidistas. Yo por eso no suelto los tres lotes que tengo allá porque voy a poner un saloncito de fiestas exclusivo para niñas en edad de festejar.

Y colorín colorado, la historia de este tamaño se las he dejado.

MORALEJA

«Si ves un Gigante con garrote en mano, póntele enfrente y que no se te arrugue el ánimo».

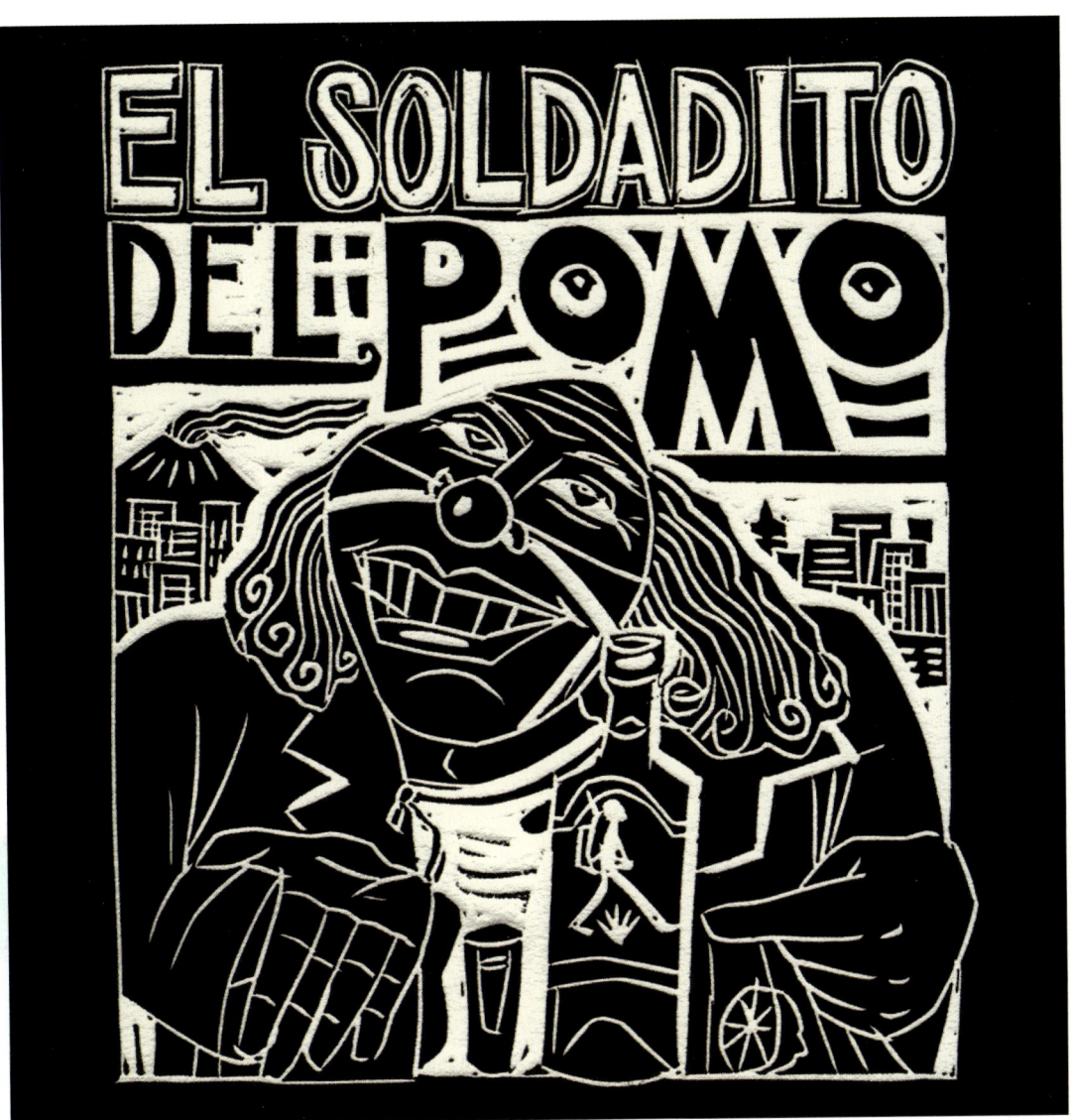

Ilustraciones: Joel Rendón

EL SOLDADITO DEL POMO

En una antigua casona de la colonia Postal, los Pedroza tuvieron veinticinco hijos. Como quien dice, ahí mero se inventó el prau, prau. Los veinticinco eran machinrrines y en el barrio los conocían como Los Soldaditos. Primero, porque eran hijos de su papá, el general Pedroza, y segundo, porque estos cuates todo el día andaban bien firmes y me cai que daba miedo pasar junto a ellos por aquello de que te fueran a picar un ojo. A uno ya hasta lo habían condecorado. Eso sí, al más chiquilín me lo habían dado de baja. Este interfecto era Samuelín. ¡Ah, canijo, cómo hizo padecer a sus jefes con eso de que se aficionó al tequila! ¡Muy pedestre salió el gandalla! Tan conocido era el vicio del Samuelín, que en la colonia todos lo conocían como El Soldadito del Pomo.

Este baboso no servía pa' maldita la cosa, y como siempre andaba briago o crudo, pus sus carnales lo alucinaban y sus jefes ya ni lo pelaban. Desde chiquito ya le daba por embrutecerse. Dicen que se las ponía con jarabe pa' la tos, ¡órale! A nuestro Soldadito del Pomo sólo le interesaban dos cosas en esta recochina vida: ponerse chachalaco y Carmencita, que era su vecina.

Carmencita era una estudiante de ballet a la que siempre le había gustado andar de puntitas y no está bien que yo lo cuente en estas páginas de alta escuela literaria, pero qué bien estaba la méndiga chamaca, parecía hecha en Japón: finamente delicada, trompudita y compactita pero precisona.

A ella también le gustaba El Soldadito del Pomo, pero ni le hablaba porque lo tenía prohibido por sus antiguos, es decir, por sus betabeles, o séase, pa' que me entiendan, por sus papases. ¡Porque parece que ustedes no saben leer bien, babosos! Y aunque ellos lo trataban de impedir, los dos chamacos, como podían, sí se echaban sus ojitos, se mandaban sus cartitas y se contaban sus cositas. Bueno, pero ésas ya son matemáticas. Lo cierto es que ahí había un romance secreto.

El Soldadito del Pomo soñaba con Carmencita, pero cuando despertaba, todo chamagoso, se daba color de que era un amor imposible, y a la voz de ¡újule! regresaba a chupar más y más de lo infeliz que era. Hasta que un día ya no aguantó y se decidió a declararle su amor a la Carmencita. Agarró la jarra y ya necio quiso entrar hasta la casa de ella. Aullaba en la reja el marrano, hasta que los jefes de la Carmencita, que ya estaban hasta la madre de tanto grito, que le echan a la patrulla.

Desde la ventana, la Carmencita vio con los ojos entornados cómo lo levantó la chota, que después de una amable sobadita lo fue a soltar por allá por Topilejo, encueradito y sin lana.

En ese momento El Soldadito del Pomo se dio color de lo tarugo que había sido toda su reapestosa vida y quiso cambiar, y se fue a los alcohólicos sinónimos pa' que lo alivianaran. Pero ahí no pudieron hacer nada y lo mandaron pa' una granja, donde con mucha paciencia (a bola de catorrazos, patadas y toques en los tanates) logró dejar el chupe.

Cuando se sintió al puro pelo, decidido, se lanzó a buscar a Carmencita para tomarla por sorpresa, digo, para tomarla por su esposa.

Después de viajar varios días y noches y de atravesar montes y valles en pesero, metro y microbús, por fin llegó a la esquina de la casa de su tortita y vio a un chorro de bomberos tratando de apagar un incendio.

¡Lo que se incendiaba era ni más ni menos que la casa de la Carmencita! El Soldadito del Pomo que se mete a la casa hecho la... ¡duro! Y de manera brutal se dio color de que entre las llamas estaba Carmencita tirada, o sea, en el suelo. El Soldadito del Pomo que agarra una cobija para cubrir a Carmencita, y ya envuelta, que se la echa de las de acá, sobre el hombro sin darse cuenta de que lo que cargaba era un cadáver. Ya afuera le descubrió la cara y empezó a gritar: «¡Torito, Torito!» ¡No, no es cierto, eso es de otro cuento! Gritaba: «¡Carmencitaaa, Carmencitaaa...!» Y llore y llore, y con el dolor y la muerta a cuestas, apretó los dientes y se echó a correr pa' dentro de la casa.

Apenas unos minutos después la casa se derrumbó consumida por el fuego. El Soldadito del Pomo ya nunca salió de ahí. Sólo se encontró entre las cenizas una botella de tequila envuelta en un extraño y peculiar corazón formado por una tanga roja de Carmencita. Así fue como se eternizó su amor.

Y colorín colorado, la historia de este tamaño se las he dejado.

MORALEJA

«El pomo de nada sirve, lo que sirve es lo de adentro».

Hansel y Gretel

Ilustraciones: Manuel Monroy

Éste es un cuento en el que de haber habido duendes y dragones, hubiera sido bien aburrido. Así que pa' que no sientan que van a leer *El ñor de los anillos* les voy a reventar la rial, la neta, la verdadera historia de Anselmo y Greta. ¡Chale! Así se llamaban, pero como sus jefes eran de la alta, y por lo mismo muy mamilas, de cariño les decían Hansel y Gretel.

El papá del Hansel y la Gretel tenía un chingo de billelle, y ya estaba bien cáscara, pero se acababa de casar con una vedet: Gladis. La Generosa, le decían, porque lo que más gustaba de su didáctico numerito en el tubo era la manera generosa en que enseñaba hasta las amalgamas. Yo la conocí desde que llegó de Michoacán y fui el que le enseñó a deslizarse con gracia y salero en el tubo. ¡Órale! Pero ésos son otros rencores y mejor me regreso al relato.

Los recién casados que se van de luna de miel pa' Acapulco. Y al ruco nomás en llegando que le empieza a dar... prau, prau, prau... ¡Pero en el corazón! No'mbre, la Gladis primero creyó que el ruquito tomaba alguna clase de pastillita azul, por aquello de los espasmos de la muerte, y se emocionó, pero luego se asustó cuando vio que el vejete se estaba empezando a poner tieso también de todo lo demás. Muy espantada, lo agarró como pudo y que se lo lleva hecho la... ¡Llegaron de volada al aeropuerto! Y de allí a un hospital. Ahí la Gladis se empezó a preguntar: «¿Qué iba a hacer en caso de que el viejo palmara? ¿Cómo le iba a hacer si tuviera que compartir la herencia con Hansel y Gretel? ¿Qué? ¿Cómo? ¿Qué? ¿Cómo?» ¡Pos cómete ésta!

Y de pronto, ¡zocorroco las mendiolas! Decidió que iba a perder a los hermanos, que los iba a llevar a una zona que no conocieran. Pensaba llevárselos hasta casa de la... ¡Muy lejos! Tan lejos que ya no volvieran nunca más.

Salió hecha la... ¡duro! del hospital pa' la casa y con toda la perversidad en sus entrañas que les da un jalón a los chamacos... ¡Bueno, al Hansel, porque a la Gretel sí la tomó del brazo! Los metió al taxi que la había traído del hospital y le pidió al chafirete que jalara con rumbo a Nezayork. Ahí los subió en un chimeco y los dejó viajando sin rumbo fijo y gozando de los agradables humores de un camión que iba hasta su madre de lleno. Hansel y Gretel no sabían ni entendían qué onda. Ya en la terminal, nomás sentían cómo las tripas les tronaban de hambre.

En eso estaban cuando de pronto dijo Hansel:

—¿Ya viste? ¡Una casa de chocolate!

¡Chale! ¿Cuál chocolate? ¡Si era de adobe! Nomás que como los escuincles vivían en Las Lomas, pos no conocían tan autóctono material. ¡No'mbre!, la Gretel que se lanza sobre la casa y ¡prau, prau, prau!, que se avienta tres adobes y el Hansel dos, con todo y lagartijas.

—¡Qué suerte, hermanita, hasta tiene relleno! —decía el babas.

En eso que llega Juana La Chicharronera, que era la dueña del cantón, y al ver que le estaban haciendo hoyos en la pader, dijo:

—¡Órale! ¡Váyansen a morderle las nalgas a su abuela!

Y que empiezan a echarse de frijoles. Que eso saco por dejar sola la casa. Que quién fue. Que yo no fui. Que voy a traer a la poli. Que no sabes de quién somos hijos. Que no, pero ya me imagino.

Después de unas cuantas patadas, pellizcos, trompones y jaladas de pelos, los chicos soltaron toda la sopa de lo que les había pasado y Juana La Chicharronera terminó diciendo:

—Ps' no, no les puedo ayudar porque ando bien bruja.

Hansel y Gretel no tuvieron más remedio que quedarse a vivir con la bruja y

aprender a hacer los chicharrones que la ñora todavía hacía de harina. ¿Quién iba a creer que este par de mocosos acabarían inventando el chicharrón de cerdo? Es que un día se les cayó Juana dentro del cazo de los chicharrones y les quedó bien doradita. Hasta tronaba la vieja. La sacaron, la vendieron y tuvieron mucho éxito.

De la Gladis y de su veterano papacito ya nunca volvieron a saber nada. Pero yo supe que quedó medio pirada porque el día que creyó que se le había muerto el vetabel resultó que nomás se trató de un ataque epiléptico. Y así se aventó siete lunas de miel el trinche ruco. Luna de miel, un ataque; otra luna de miel, otro ataque, y volvía el infeliz, y otra vez pa' Acapulco.

Todos fueron muy felices: el Hansel y la Gretel con sus chicharrones, y el ruco con los chicharrones de la Gladis.

Y colorín colorado, la historia de este tamaño se las he dejado.

MORALEJA

«Cuando creas que las cosas ya no pueden estar más gruesas, siéntate y toma aire».

Ilustraciones: Dr. Alderete

En una galaxia muy, muy lejana… ¡Chale, no'cierto! Más bien es en un país muy lejano llamado Sidalandia, vivía Rolny Kiss, cuya mayor desgracia en su trágica vida fue tenerlos negros.

En esa extraña tierra que les digo, los del billete, los meros chidotes, tenían una cosa en común: sus azules ojales. ¿Pasan ustedes a creer? Pero en Sidalandia había otros habitantes, los ojos negros, a los que los sidaleños los trataban como si tuvieran sarcoma en las muñecas o caries en los miembros. Los sidaleños, meticulosos como eran para eso de los colores, siempre fueron muy jijos de suchi y traían asoleados a los méndigos ojioscuros. No podían treparse a los mismos camiones, no podían tramar en las mismas fondas, ni los chamacos podían estar en las mismas escuelas. ¡Imagínense nomás lo que pasaba cuando sucedía un prau, prau a la campechana!, o sea, cuando alguien se abrochaba en un ojal que no era el de él.

Rolny Kiss era uno de esos desgraciados que los tenían negros, negros. Si rascan en la historia, van a encontrarse conque Rolny se ganaba la vida inventando animales: cada vez que tomaba hacía osos; pa' las viejas era un tigre; pa' las transas era trucha, además era ladilla y cada vez que le ofrecían trabajo namás se hacía güey. Pero a nadie le hacía daño, porque como siempre andaba bien pachequito, pus nomás se la pasaba abusando de sí mismo. Esa recochina vida ya era mucha mala leche, pero ¡chispas!, todavía faltaba lo peor.

Un día despertó el Rolny todo bien crudote, pegosteoso y todavía medio pastel, y salió a la calle para ver con qué se alivianaba. Decidió alivianarse, el muy hojaldra, con un cochecito que alguien había estacionado estúpidamente enfrente de su cantón. Le metió gancho a la lata ¡y a pasarla gorda y cachetona!

Ahí iba el Rolny bien campante por todas las calles de Sidalandia queriendo meter el fierro como a cien, sí, como a cien, pero nada más se dejaron veinte. Andaba como júnior de microbusero el muy marrano, nomás cerraba los ojos ¡y hasta en sentido contrario se dejaba venir!

Una patrulla se dio color, y como los mastines eran de ojo azul, nada más afilaron los colmillos. ¡Y sobres tras del Rolny! Sirenazos, señas, gritos, bocinazos, cerrones, y nanches. Como el Rolny seguía metiendo el fierro, pos ni modo de pajarear, ¿no? Namás inténtenlo y se quedan en la suerte.

Ya llevaban como veinte minutos tras el Rolny y ya estaban hartos. Pa' no hacérselas larga y que se les antoje eterna, ya iban tres patrullas y como nueve azules persiguiendo al Rolny, hasta que se le cerraron a lo bestia y que lo bajan muy machines y que le dicen:

—¡Pon las manos en la cabeza! —el Rolny que los obedece y aquellos que se ofenden—. ¡Haznos un cuatro! —le ordenaron, y el menso que les hace un cinco, pero con los deditos bien torciditos. Los ojos güeros que se encabritan y le gritan—: ¡Suelta la sopa! —y el Rolny que les suelta una sopa de fideos en los zapatos.

Los azules, hartos, sacaron chicos macanones y ¡pa' dentro! El Rolny namás alcanzó a fruncir sus negros ojitos.

Ahí empezó la paliza, mis niños. ¡Un palo le daba uno, un palo le daba el otro! Les echo una apuesta a que ustedes nunca han visto un agandalle así: ¡palo tras palo tras palo se lo fueron desgraciando! Rolny nada más berreaba:

—¡Cuando menos denmen un besito!

De pura chiripa, yo iba pasando con mi cámara de video por el rumbo cuando vi el apaleamiento masivo, y ahí me puse graba y graba. Estaba tan sabroso el amacice, que hasta solté un ratito la cámara para ir a darle un palote al ojito zambo.

Ya después se armó un panchote porque el Rolny acusó a los tiras con la justicia y muchos ojinegros que habían visto la madrinola en la telera —porque me pasaron una buena lana para que soltara el video— empezaron a armarla de tos gachísimo:

agarraban ojos güeros y se los dejaban morados, se metían a las tiendas y se picaban lo que les quedara al alcance de la uña. Querían que se clavaran gacho a los tiras que se habían pasado de lanzas, y como allá la justicia es dura e inflexible, a los macanudos la tía Justa les devolvió con creces todo el mal que habían hecho: ojo por ojo, macana por macana, centímetro por centímetro, o pulgadas como usan allá, que es más gacho, porque no es lo mismo sopesar un artefacto de dieciocho centímetros que uno de dieciocho pulgadas.

Al Rolny le dieron un buen fajo de billetes y siguió con su méndiga vida, molido a palos pero contento.

Y colorín colorado, la historia de este tamaño se las he dejado.

MORALEJA

«Palo dado ni un juez lo quita».

EL VAGO DE LOS CHISMES

Ilustraciones: José Quintero

Érase que se era que, allá por la colonia Ponciano Arriaga, la rolaba un valedor llamado Adolfo Ojeda, que era un carnal sin oficio ni beneficio, un bueno para nada. Como ustedes se imaginarán, todo mundo le decía El Vago, pero además nomás se la pasaba ojo avizor para ir a meter mala onda a todos lados, porque le encantaba ver las broncas que se armaban por las jijeces que él iba soltando. Hagan de cuenta como si fuera uno de esos programas de periodismo chismológico. El Vago nomás andaba elucubrando intrigas insidiosas. Iba con el lechero y sacaba, como quien no quiere la cosa, que el carnicero le andaba vendiendo aguayón de más a su ñora, o se lanzaba con el de la farmacia y le preguntaba si no le faltaban condones porque acababa de ver entrar en un hotel a su hija con el mecánico. Ya con estas mañas que todos le conocían, pos se le quedó el nombrecito de El Vago de los Chismes.

También por esos lares vivía un bato al que le decían El Tizne, y es que estaba más negro que el aire del Centro cuando pasan de las cuatro de la tarde, me cai. Y no es que El Tizne fuera de ese color de por sí, sino que le chambeaba como deshollinador. ¡Y no es albur, mocosos sácale punta!, así se les dice a los que se dedican a limpiar las chimeneas, y aunque siempre estaba todo mugroso y lleno de ceniza, yo creo que por la experiencia que tenía en eso de tallar y limpiar conductos, nunca le faltaron las que estaban dispuestas a que les removiera el hollín.

Todo iba muy bien para El Tizne hasta que se casó con una morrita buenérrima, a la que le decían La Princesa, porque tenía unos volovanes regios, un cabús que merecía un trono y a todo el que estuviera dispuesto a darle una lana lo trataba a cuerpo de rey.

Pa' no hacérselas extensa y que agarren bien el hilo de la lectura, el caso es que El Vago de los Chismes quería tocho morocho con La Princesa. Quería jugar a los «encantados» con ella, con todo y su «uno, dos, tres por mí y por todos mis compañeros». Le urgía que le aceptara el «engarróteseme ahí». Pero La Princesa ni un méndigo lazo le echaba, no porque fuera muy recatada, porque ya les dije que soltaba el cuerpecito muy fácil, con alegría ponedora, sino porque El Tizne era de armas tomar y con los demás ni color se daba, pero si le ponía los de Mimiahuapan con El Vago de los Chismes, éste luego luego iba a andar soltando la sopa por todos lados y se iba a armar el chisme grueso. Pero agarren la onda de que El Vago de los Chismes era rebueno pa' mover la sin hueso, o sea la lengua, no vayan a pensar otra cosa, o sea que sí tenía facilidad pa' soltar el verbo y le decía a La Princesa: «No, lo mío no es mala onda, sino que estoy embrujado porque una méndiga bruja que vivía en la vecindad, a la que no le quise hacer el favor, me echó una maldición y por eso no puedo dejar el chisme. Pero si una tortuguita bondadosa de alma noble me hace caso, se va a deshacer el hechizo y me voy a volver un hombre bueno, trabajador y recto». ¡Demen la razón de si no era lengua larga este carnal!

El caso es que quién sabe si por la verba florida de El Vago de los Chismes o por lo calenturienta y ponedora que era La Princesa, que la convence y ella que le aplica su riguroso ¡prau, prau, prau deshechizador! ¡No'mbre, escuincles!, era una cosa como de magia, que todo por aquí, que todo por allá, que ahora lo ves y ahora no lo ves, que mira cómo sale el conejito.

Y ustedes, chamacos, ya se estarán imaginando lo que pasó. Que el muy jijo de su... ¡cómo hay de ésos!, le había contado puras papas a la babotas de La Princesa, y como seguía siendo igual o peor que antes, que empieza a regar la mermelada por todo el barrio. Soltó toda la sopa con pelos y detalles: que si La Princesa tenía un lunar por acá, que si una verruga por allá, hasta que El Tizne se dio color y loco por los celos le puso su prau, prau, prau, pero de puñaladas a La Princesa.

El Vago de los Chismes, que siempre fue muy zacatón, cuando se enteró de que El Tizne lo andaba buscando pa' ponerle tambor a él su prau, prau del gacho, desapareció de la colonia tan prestigiosa en la que vivía y nadie volvió a saber de él; aunque dicen

que se hizo la cirugía plástica y ahora tiene un programa de espectáculos. Eso sí ya no me consta, niños.

Y colorín colorado, la historia de este tamaño se las he dejado.

MORALEJA

«El que nace pa'l prau, prau, del cielo le caen las tortas».

Ilustraciones: Margarita Sada

Amor, pasión y locura son los ingredientes de esta narración que ha quedado registrada como una de las más grandes tragedias de la vidorria. Ésta es la verdadera historia, la rial, la neta, de Hotelo. Que no es como se las han contado, sino como se las voy a platicar yo, porque yo lo vi, yo estuve allí. Pa' empezar, no se crean la piña de que todo el asunto fue en Venecia, entre góndolas y gorgoritos de *O sole mio;* nel, todo sucedió en la Obrera, entre micros y berridos de «¿Y cómo quieres que te quiera si tú nunca me has querido?»

Allí mero vivía Chucho Osorio. Un cuate buena onda, casado, trabajador y con harto billelle, pero en este mundo nadie es perfecto, ni sus mamases aunque ustedes se lo crean, y Chucho tenía un defecto muy grande: era celoso como la... ¡Ah, qué celoso era! Le entraba la mala vibra y dejaba de trabajar y se iba a todos los cinco letras de por allí, que hay bastantes y de muy buena calidad por el servicio y la gentileza de la atención, a ver si cachaba a su mujer, llamada Ramona, poniéndole los de venado. Su obsesión era estar vigilando hoteles, y como no faltaba quien lo veía enfrente de uno, los vecinos le empezaron a decir: Hotelo. Con hache, escuincles, fíjense bien por si luego se los preguntan en un examen, no lo vayan a escribir mal y me echen la culpa a mí.

Hotelo era tan celoso porque la Ramona estaba muy bien: chavalita, cuerpo de uva, con las carnes en el lugar en que deben estar, estaba como diseñada por computadora pa'l prau, prau, prau, y el Hotelo, en cambio, ya le tiraba más pa' la pensión del D. F. que pa' ser integrante del RBD, y la neta es que no era ningún galán; estaba arrugado, cambujo y más pelón que Tomás, el feo.

Aunque la pareja era muy dispareja, ahí la llevaban, porque la Ramona nunca entraba a ningún hotel, aunque dicen las malas lenguas (que nunca faltan) que se la pasaba en los lavaderos de las azoteas tallando calzones que no eran los de Hotelo.

La tragedia ocurrió un día en que la Ramona fue al mercado y ahí iba la muy buenona, meneando la cola al caminar, y la meneaba tan bien que el carnicero, que estaba fileteando unos bisteces, al verla pasar le empezó a acelerar el ritmo a la fileteada y, ¡órale!, que se corta un dedo. Ella vio el accidente y, muy acomedida, que se lleva al matarife al hotel de enfrente para curarlo. Pidió hasta un cuarto con jacuzzi porque el agua caliente le iba a hacer bien al carnicero; tambor se llevó de paso unas chelas y unos limones quesque pa' desinfectarlo.

Ya en el cuarto, la Ramona no sabía qué hacer, pero en vía de mientras le envolvió el dedo con sus medias para que se le parara... ¡la sangre!, cochambrosos malpensados. Y usó sus medias porque no traía otra cosa, bueno, traía un trapo pero ése era para las tortillas y ni modo de embarrarlo con la sangre.

Un tipo muy mala onda que la rolaba por ahí y al que le decían el Vago vio todo, y como odiaba a la Ramona porque nunca le había hecho caso, que va con Hotelo y que le suelta la intriga de que la Ramona y el carnicero ¡prau, prau, prau!

Hotelo, al recibir la noticia, exclamó aquella frase que todavía aún resuena en las paredes de la Obrera: «¡Sangre, Vago, sangre!» Entonces que se va hecho la... ¡duro! a la carnicería, porque sí desconfiaba del Vago, pero como vio que no estaban allí, que agarra un cuchillo de los más chonchos y que cruza la calle y se mete al hotel.

Ahí los encontró: la Ramona ya se había quitado el vestido, pero era porque no le paraba la hemorragia al carnicero, y a pedacitos le fue haciendo sus torniquetes, pero Hotelo, cegado por sus celos, no pensó que la Ramona lo único que estaba haciendo era protección civil y que se les va encima a cuchilladas a los dos. ¡No'mbre, niños! Los dejó peor que a policías de Acapulco, porque al carnicero lo decapitó dos veces. Pero el Vago, que como ya les dije que tenía más mala sangre que tacos de moronga del metro Ermita, dio el pitazo y metió en problemas al Hotelo, porque lo agarró la tira y le echaron cuarenta años en el botiquín.

Ahora Hotelo tiene que pagar, como dicen los mamucos, su deuda con la sociedá. Pero lo peor de toda la horrible tragedia fue que siempre se quedó con la recochina duda, porque como dejó todo tasajeado al carnicero, nunca supo si de veras se había cortado un dedo o no.

Y colorín colorado, la historia de este tamaño se las he dejado.

MORALEJA

«No hagas cosas con las buenas que parezcan malas, ni hagas cosas con las malas, a menos que estén buenas».

Ilustraciones: Ricardo Peláez

Hace muchos, pero muchísimos años, en una lejana región de la Francia del reinado de Luis XIV, segurolas que pasaron un chingo de cosas. Sucesos que a mí en lo personal me vienen valiendo pura máuser y que tampoco tienen que ver con el cuento que les voy a contar y que es la verdadera historia, la rial, la neta, de Los Tres Boqueteros.

Éstos eran unos carnales que vivían por Colinas de Medellín y que se dedicaban a apañar en joyerías, tiendas y tlapalerías. Apenas llegaba la noche, abrían un boquete y ¡órale, prau, prau, prau! Se ponían a chambiar hechos la... ¡rápido! Y no paraban hasta dejar bien limpiecito el local. Jalaban con cualquier cosa que encontraban, hasta palos. ¡Encajosos, los bueyes! Por eso es que en su colonia los llamaban Los Tres Boqueteros, que eran El Darkgañán, El Gatos, El Puertas y El Charalís. Ya sé que orita están pensando: «Este trinche payaso no sabe sumar. ¿Cómo dice que eran tres si yo leo cuatro?» Pero para probarles que sí sumo, ¡tráiganme una hermana! Les decían los Tres Boqueteros porque los que abrían los boquetes pa'la biznaga eran tres, y el otro nomás se quedaba afuera echando aguas, ¡mensos!

Total, que de Los Tres Boqueteros el jefe era El Darkgañán, que le decían así porque aparte de ser darketo era el más gañán y el más bueno pa'l trompo y la cuchillada. El Gatos era quien abría los boquetes por el techo... blanco, verde, azul, fuera del color que fuera. El Puertas entraba por las paredes más rápido que microbusero echando carreritas. Y al final estaba El Charalís, que era un cuate sin gran musculatura, ni altura, ni peso, ni nada. Estaba bien pinche escurrido. Y era el que se quedaba echando aguas.

Desde muy chiquillos (pasen, chamacos, a entender bien esto), Los Tres Boqueteros que eran cuatro, ya eran fanáticos de la uña. Cuando jugaban beisbol, se robaban las bases antes de comenzar los partidos. Hay sobrevivientes de esas épocas que juran haberlos visto torturando a sus propias mamases para sacarles un permiso o dinero pa' comprar unas caguamas. ¿No llegaron estos ojales a robarse una patrulla nomás para ver si era cierto que las sirenas tenían colas de pescado? ¡Jijos del averno...!

Y es que desde muy escuincles eran bien unidos: taloneaban juntos, vivían juntos, dormían juntos, comían juntos y, lo que es peor, ¡ligaban juntos! Ésa fue su perdición porque cuando veían a una chava en la calle, todos decían: «Todos para una y una para todos». ¡Y órale!, de inmediato y en bola le metían una buena sobredosis del obligado prau, prau, prau. Por mucho tiempo trajeron asoleadas a todas las viejas de su colonia. ¿Pasan a creerme que hubo quien se quejó de serias lesiones hasta por las orejas?

Así pasaron muchos años de grandes hazañas prauprausescas y la leyenda de Los Tres Boqueteros creció y creció hasta llegar a los más lejanos y recónditos rincones.

Hasta que un día los apañó la tira y les tocó botellón, porque a una ñora que se hacía llamar La Marquesa, porque vendía tlacoyitos por allá, intentaron robarle un par de aretes quesque de oro y diamantes que se había ganado en la feria. Pero la ruca se emocionó tanto al ver que sacaban sus espadas que, hecha una fiera en brama, sintióse merecedora de un sabrosísimo prau, prau, prau. Los Tres Boqueteros quisieron salir corriendo, pero la ruca no les dio chance y ya se subía en uno o se trepaba en el otro o en el otro. Y al grito de «¡Descósanse la Bastilla!», los fue doblegando uno a uno.

Por el escándalo llegó una pánel que se los cargó de inmediato al MP. Cuando el juez supo la clase de arañas ponedoras que eran Los Tres Boqueteros, les echó encima veinte años de vacaciones pagadas en el tambosur.

Yo los conocí cuando salieron y para ese entonces, escuincles, ya no eran los mismos, ya estaban todos jodidos porque en la cárcel los agarró como sus novias un capo muy poderoso. Es más, ya no les decían Los Tres Boqueteros, sino las Tres Virtudes: Fe,

Esperanza y Caridad, porque uno de ellos quería que le dieran con fe; otro tenía la esperanza de ser madre algún día, y el tercero porque por caridad pedía que le arrimaran el bubulín. El único que se mantuvo machín fue El Darkgañán, que se dedicó a regentear a las tres virtudes.

Por eso es que dicen que no es lo mismo Los Tres Boqueteros que veinte años después.

Y colorín colorado, la historia de este tamaño se las he dejado.

MORALEJA

«Más vale pájaro en mano que veinte años en el botiquín».

Ilustraciones: Alejandro Magallanes

Húbose una vez una criatura diferente a todas las demás llamada Lilia López. Era una vieja bien jaladora que vivía por allá por Tepito; asumo que en una vecindad de mala muerte. A esta ricura le decían Lily, y la neta yo sí le di. Lily quería dedicar su vida a ser instructora de masajes sin ropa y pa' practicar se paraba en una esquina y a todo el que pasaba le decía: «Muñeco, ¿no quieres jugar al sube y baja?» «Muñeco, ¿no quieres jugar al doctor y me inyectas?» «Muñeco, ¿no quieres que le pongamos la cola al burro?» Y así se la pasaba, que si muñeco por aquí y muñeco por allá, pero la verdad es que la Lily no agarraba ni una gonorrea porque estaba refedayín la pobre, tenía un bracito roto por un resbalón que se dio con una cáscara de tequila, y es que la Lily parecía muñeca inflable: ¡cómo inflaba la desgraciada! Su carita la tenía llena de puntos negros; hasta parecía que tenía hollín. Daba lástima la infeliz, y como no se bañaba, cuando lloraba sus lágrimas arrastraban todo el sebo que tenía en la cara y parecía que lloraba aserrín, por eso en el rumbo todos le decían La Muñeca Fea, que todo el tiempo se la pasaba escondida por los rincones, temerosa de que alguien la viera, y sobre todo la chota, que ya se la había levantado seis veces por andar mostrando su mercancía por toda la colonia.

Los únicos con los que platicaba La Muñeca Fea eran los carnales de la banda de Los Ratones, unos bigardones bien maloras que operaban todas las movidas chuecas del lugar, robaban, transaban, agandallaban, partían y repartían el queso como les daba su trinche gana.

Un día uno de ellos se la encontró llorando porque no había agarrado ni un cliente y le dijo:

—No llores, tontita, no tienes razón, tus carnales no son los vecinos porque te olvidaron en este rincón. Júntate con la banda, mi reina, porque nosotros no somos así —y así se siguió choreando a la Muñeca—: Mira, Muñeca, te quiere El Araña —que era un bato al que le decían así por patón y porque siempre andaba como fumigado— y El Recogedor —llamado así porque recogía cuanta vieja encontraba, era tan degenerado este bato que hasta con su esposa le ponía—; El Plumero —que era un carnal que se la pasaba tragando puros garbanzos y frijoles, sa'correr decían todos— y también El Sacudidor —que era el gigoló de La Muñeca y que cada vez que no le pasaba su cuota se la sacudía refeo. A la vieja, ¿eh? No como ustedes, puercos—. Te quiere tambor El Ropero —que era el más trabado de la banda y el más ruco de tolanos y también un güey al que le decían El Veliz, porque guardaba en su cantón todo el producto de sus tropelías—.

Total, que pa' que no la sientan eterna, Los Ratones invitaron a La Muñeca a pertenecer a su banda, siendo esto la salvación de esta morrita, porque con su sexto sentido femenino reorganizó la banda chido y como tenía harta experiencia en eso de vender, los hizo que dejaran de hacerle a la uña y los metió al negocio de la fayuca a lo grande.

Los Ratones y La Muñeca hicieron fortuna de volada, ya que se fueron agandallando poco a poco de todo el Centro:

—¡Pase, pase! ¡Tenemos productos 100 por ciento nacionales hechos en China! ¡Videos pornos de los hoteles de Tlalpan! ¡Juguetes vaciladores! ¡Cremas alargadoras con sabor a mostaza! ¡Muñecas inflables con la cara de J. Lo! ¡Chorizos vibradores verdes de Toluca!

La Muñeca y Los Ratones de voladísima se hincharon de lana y en cuanto la chamaca ajustó lo suficiente se fue hecha la... ¡duro! a ver al mismo doctor que opera a la Sabrina pa' que le rehiciera la careta y le pusiera más relleno del cremosito. Después de la operación La Muñeca quedó supersabrosita de sus costuras y sus rebabas.

Por a'i dicen también que como ya tiene mucha perrada que la sigue, le anda queriendo entrar a la grilla y en una de ésas quiere lanzarse como diputada, pero

pus sólo le falta lo di porque putada ya era. Además dicen que, como todas las viejas modernas, La Muñeca quiso ser más reconocida e independiente, por lo que un día les puso un cuatro a Los Ratones, que ahora purgan una condena en el reclu norte. Ella se quedó con toda la lana de la venta de la fayuca, negocio que ya dejó, y dicen que La Muñeca puso varios centros de masajes relajantes pa' ejecutivos y talleres de autoayuda pa' las viejas donde las enseña a sacarles provecho a sus puerquecitos.

Y colorín colorado, la historia hasta de este tamaño se las he dejado.

MORALEJA

«Ninguna muñeca es gacha, si cuando te ve se agacha».

El Ruizeñor y la Rosa

Ilustraciones: Julián Cicero

Hubo una vez, allá cerca de la Romita, un tipo mala onda llamado Óscar Alejandro Ruiz que se la pasaba haciendo de maldades todo el fregado día. Cuando iba a la escuela le ponchaba las llantas al coche del maestro y cuando el teacher preguntaba: «¿Quién fue?», todos los chamacos de la escuela decían a coro: «¡Ruiz, señor!»

Que rompían un vidrio de la escuela y ¿quién fue? «Ruiz, señor». Total, que ya todo era «Ruiz, señor, por aquí» y que «Ruiz, señor, por allá», por eso ya todos conocían al tal Óscar Alejandro como El Ruizeñor.

También en el rumbo vivía la Rosa Morfín, una chamacona esponjadita de aquí, carnudita de más allá, redondita de más acá, que estaba como para arrancarle los pétalos uno por uno. Y El Ruizeñor estaba clavadísimo por la Rosa. Nomás la veía, se le antojaba la bonita idea de jugar al prau, prau, prau. Cuando la veía caminar por la calle le echaba sus piropos: «En esa cola sí me formo», «Si como lo mueves lo bates, qué rico chocolate», «Tanta carne y yo chimuelo». Tambor todas las benditas tardes El Ruizeñor le llevaba serenata a la Rosa, y tenía que cantarle en las tardes, porque por la noche la Rosa chambeaba como trabajadora social con servicio al automóvil por la glorieta de Insurgentes. Y tenía que cantarle él mismo porque El Ruizeñor era un méndigo prángana que no le alcanzaba ni para un trío de esos que cantan en el metro. Pero la mera neta, El Ruizeñor trovaba más feo que marrano formado en el rastro; aullaba peor que conjunto musical de esos que andan de moda y ya tenía agorzomada a la Rosa con sus ruegos, sus cantos y sus piropos.

Un buen día la Rosa, cansada de este cabrón, con la voz más setsy que pudo, le dijo al Ruizeñor:

—A ver tú, rogón, la neta: ¿quieres todo conmigo?

Y El Ruizeñor, emocionado, húmedo y tembloroso, le dijo: —¡Cincho, kalimán!

Y la Rosa le dijo: —Si me traes un ramo de rosas bien rojas y grandotas, entonces yo contigo prau, prau, prau, con ganas, gemidos y sin límite de tiempo...

¡Órale! El Ruizeñor que se queda de a seis porque era un muerto de hambre y pos la neta no tenía ni un chelín pa' poder comprar ni una móndriga flor.

Ahora el pobre Ruizeñor se preguntaba: «¿De dónde voy a sacar lana pa' comprar el ramo de rosas?» El pobre infeliz se la pasaba piense y piense en cómo conseguir lana, porque lo único que quería el marrano era deshojar esa rosa que lo traía como zombie vagabundo. Después de mucho echarle sesos al asunto, El Ruizeñor tuvo una idea para resolver su bronca, así que se fue al Pedregal en donde los cantones tienen unos jardines a todas márgaras y siempre están llenos de flores, y después de caminar un rato El Ruizeñor licó un jardín bien grandote, se sintió aliviado y ya se le hacía que esa misma noche le iba a tocar revolcarse en los aromas de la Rosa.

El Ruizeñor saltó la barda y vio que todas las rosas del lugar eran color blanco. ¡Chispas! Estaba pensando cómo hacerle pa' pintar unas cuantas rosas de colorado cuando lo descubrió un vigilante que, en cuanto lo vio, sacó su pistola y que le avienta tres tiros al pobre Ruizeñor que no tuvo tiempo ni de montar en su caballo. Nomás tres tiros le dio, los tres en partes vitales; uno que le dio en la cabeza, que le rebotó porque la tenía redura; otro le dio en el corazón, que tambor rebotó porque lo tenía duro, y el tercero le dio en su entrepierna, ése sí lo desgració pa' siempre, porque de ahí sí que estaba bien aguado.

Por el impacto de la bala en su cosita y chorreando sangre por el boquete, o sea por el hoyo, o sea por el que le hizo la bala —¡no sean mal pensados, escuincles lectores!—, El Ruizeñor cayó malherido sobre un rosal que pintó de rojo con su propio mole. Tristemente, ahora sí, El Ruizeñor tenía un ramo de rosas rojas que llevarle a la Rosa pa' hacer realidad su sueño de darle su prau, prau. Lo malo fue que con la hemorragia, el tal Ruizeñor ya no tenía fuerzas ni pa' parpadear, por lo que ya no pudo ni moverse

del lugar pa' llegar con la Rosa. Dicen que al Ruizeñor se lo llevaron a Xoco, donde tuvieron que hacerle la jarocha pa' que pudiera seguir viviendo. También dicen que El Ruizeñor, convertido hoy en Rita La Ligerita, se adorna la cabeza con una rosa roja y talonea en la misma glorieta de Insurgentes donde trabaja la Rosa, pa' poder seguirla viendo.

Y colorín colorado, la historia de este tamaño se las he dejado.

MORALEJA

«Cuida tu truza pa' que no acabe en calzón, aunque por una vieja te partan el corazón».

Ilustraciones: Éricka Martínez

Acaeció una vez, en un lugar de la colonia Roma, que la rolaba un cuate llamado Antonio Covarrubias, pero que era mejor conocido por todos como Narcoantonio, porque se dedicaba a surtir a toda la Roma, Condesa, Narvarte y anexas con pastas, inyecciones, pomadas, chochos y demás yerbas medicinales… ¡no sean mal pensados! Es que el Narcoantonio y un cuate de él llamado César Agustino, al que todos le decían El César, tenían una cadena de droguerías… ¡farmacias, pa' que entiendan, babosos! Y con eso de que ahora por cualquier pinche tosido lo mandan a uno a tomar medicina, pues estos carnalines ganaban el resto de billete. Cada uno tenía una mansión que parecía un palacio romano, me cai, con todo y su Coliseo... ¡Presten atención a lo que están leyendo, que no es tarea de la escuela y luego se les va el hilo!

Todo iba de poca mais entre ellos porque el negocio era de pelos y ya tenían su imperio de clientes. Pero nunca falta el patín artero del destino y un buen día se le fue la gata al Narcoantonio, y eso fue el principio del fin, porque Narcoantonio puso un letrero solicitando mucama y llegó a pedir el puesto una tal Cleopetra que estaba, niños, como dice la afamada aria operística: «¡Bien, bien buena, tú te ves bien buena!»

El Narcoantonio nomás le vio todo lo veíble y, ¡órale!, que la contrata luego luego, además de que la Cleopetra también llevaba dos buenas referencias que insistió en enseñarle:

—Ándele, écheles una miradita —le dijo.

Y pos aquél nada menso sí se las vio y se las tomó en cuenta. De ahí en adelante, escuincles, puro ¡prau, prau, prau! Y es que a Narcoantonio se le subió bastante el poder: podía diario y a cada rato.

Después de unos meses, la Cleopetra se dio tinta de que el Narcoantonio estaba bien clavado con ella y le entró la codicia; se dio color de que tenía mucho poder sobre Narcoantonio y él, en cambio, cada vez podía menos. Lo convenció de que disolviera la sociedad con El César y ya de a solapa le fue minando la existencia. Cada vez que Narcoantonio quería tener un poco de reposo, la Cleopetra le exigía su ¡prau, prau, prau! Y hasta lo carreriaba:

—¡Apúrate, que hoy nos tocan cinco!

Y a wilson que ya al tercero, todo fregado, cansado y ojeroso, el Narcoantonio mejor le daba una buena lana pa' que se fuera a gastarla porque él de plano ya no levantaba la catapulta.

La Cleopetra poco a poco fue acabando con la lana y el poder del Narcoantonio. Con la feria que le bajó, sacó pa' la leche de burra con la que se bañaba, y que tanta fama le dio quesque porque con eso se veía más al tiro y atraía a los galanes. Después de haberle exprimido todo lo físico y lo material, lo abandonó a su suerte y el Narcoantonio se tuvo que ir pa' la calle. Dicen que ahora vive en una coladera y se la pasa con su muñeca, o sea, no de trapo ni de carne, sino de solvente.

La Cleopetra se quedó con el bisne y le iba de pelos, pues en las farmacias se armó de un ejército de trabajadoras que, vestidas de esclavas egipcias, daban servicio de inyecciones y masajes desestresantes a domicilio las veinticuatro horas.

Pero la Cleopetra no se conformaba con lo que tenía, ¡ella quería ver ganancias a lo grande! Y no satisfecha con lo que le había bajado al Narcoantonio, hizo un plan perro pa' seguirse con El César. Le habló por teléfono y le dijo que si quería ser su socio y lo citó pa' una junta. Cuando llegó El César, encontró a la Cleopetra en su camita, ella le dijo:

—Me duele la espalda. ¿Me la truenas pa' que se me quite?

Y pos aquél le dijo que sí, pero que a cambio ella le diera algo pa' la cabeza porque traía un dolor... Y así estuvieron dándose de remedios durante un mes. Pero por más esfuerzos que la Cleopetra hacía, no podía acabar con el poder de El César, pos éste

cada vez podía más y aquélla reía menos. ¡Y es que este carnal le metía a las pastillitas azules!, y como tambor hacía pesas, ya tenía experiencia en los levantamientos de fierros y a la Cleopetra se le hizo vicio El César.

Ahí fue donde El César aprovechó pa' volteársela. Me refiero a que le hizo a ella lo que ella le había hecho al Narcoantonio. Hasta que la Cleopetra terminó tambor en la calle.

Dicen que la Cleopetra ahora la rola por lo más grueso de la Merced y que para conservar su belleza se baña con leche de rata gigante.

Y colorín colorado, la historia de este tamaño se las he dejado.

MORALEJA

«Nunca alardees de que eres el más grandote, aunque te sientas invencible».

Ilustraciones: Juan Gedovius

Hace muchos, muchos años, había una pareja de jóvenes que se amaban más que león y leona, más que gato y gata, más que foco y foca, ¡pero la mala leche echó a perder su amor! Estos jariosos frustrados se llamaban Romero y su Prieta, y yo les voy a narrar su triste y trágica historia. Como el relato será largo, ¡agarren una silla, siéntense y disfrútenlo! No se vayan a confundir con *Romeo y Julieta,* porque esa historia es un vil refrito, un fusil, de Romero y su Prieta, que es lo que yo vi con estos ojos que se han de comer todos ustedes.

Los que no saben dicen que todo ocurrió en Verona, y nel, ocurrió en verano, allá en la colonia Roma, en donde toda la raza se llevaba de pellizco y beso. ¡Chale, quién va a creer esa jaladota! La neta, se llevaban como se lleva todo el mundo, a naiden le importaba naiden, los vecinos ocupaban el estacionamiento del otro, y las vecinas ocupaban a los maridos de las otras, pus nunca falta el vecino que le da a la vecina un pedazo de felicidad.

Sin embargo, había un pleito gacho que a nadien le latía, el de dos familias que nomás no se tragaban, así como sus mamases y sus papases, niños. Estas familias eran los Montecito y los Campos Nieto. La bronca ya llevaba un buen de años y no tenía pa' cuándo acabarse; se la pasaban haciéndose maldades unos a los otros. No pasaba un día en que un Montecito le diera su prau, prau a un Campos Nieto, para que al otro día, un Campos Nieto se prauprauseara a una primita de los Montecito. ¡Órale! ¡Qué violencia!

Todo hubiera quedado en desgreñadas, guamazos, panzonas y chichones, porque eso sí, todas las Campos Nieto tenían muy buen frente. Pero la cosa todavía se puso más canela, porque en una tocada del Tri, mientras se reventaban aquella clásica pieza de *Todos tienen tortita menos yo*, se vinieron a enamorar nada más y nada menos que La Prieta Campos Nieto y Romero Montecitos. ¡Órale!

Valiéndoles poco que sus familias se trajeran en salsa, cuando sus ojos se encontraron desearon que otras de sus partes también se encontraran, porque afloró en ellos el sublime sentimiento del amor, que los llevó a que sólo una idea cruzara por sus mentes: ¡el prau, prau, prau!

Desde ese momento empezó su odisea, porque pa' poderse juntar tenía que ser a la sorda. Y la llevaban muy tranquila, de manita sudada, beso en la frente, ¿no? Pero un día La Prieta se puso una ombliguera y un shorcito de ¡no manches!, que en cuanto el Romero la vio se paralizó de pies a cabeza. Asumo que cuando La Prieta vio al Romero más firmes que soldado en desfile, a la pasión le dio por alinear y fue cuando La Prieta soltó su famosa frase: «¡Ay, Romero, Romero, ven pa'cá que yo ya quero!» Cómo habrá estado aquello que al otro día ya hasta casorio habían organizado, a escondidas y todo pero al fin casorio, pus según ellos con la bendición del cura ya la habían librado y lo demás sería hacerle un buen choro a las familias y a lo que te truje Prieta.

¡Pero ay, chamacos! En mala hora el Romero fue a chocar contra un micro que iba manejando ni más ni menos que Leobardo, primo de La Prieta, y toda la familia Campos Nieto se lanzó sobre del Romero pa' amacizarlo. La Prieta que se entera y de volada que le tira la verdura:

—¡Pélate pa' donde sea! —le dijo—. Yo te aviso cuando se alivianen.

Así le hizo aquél y se largó pa' allá pa' rumbos de Cuautla.

Ahí se la pasó casi tres años y cuando vio que La Prieta no le avisaba nada, mejor se apersonó pa' ver qué pasaba. Llegó directo a la casa de La Prieta y ahí le dijeron que se había ido a un entierro... El tarugo muy creído que se la va a buscar a todos los panteones. ¿Pus cuál?, en ninguno la encontró. Decidió hacer guardia enfrente de la casa pa' ver a qué hora llegaba la disoluta. Dieron las cuatro, cinco, seis de la mañana, y a esa hora fue llegando la condenada Prieta, acompañada de un galán y oliendo a curado de apio y caguamas. El Romero, de plano muy herido, que agarra a La Prieta de

las mechas y que se la lleva arrastrando hasta Vallejo, ahí enfrente de las fábricas, que se para muy decidido y, agarrando fuerte a La Prieta del brazo, le dijo:

—¡Aquí nos vamos a morir envenenados tú y yo!

Y así fue, no aguantaron ni ocho horas en Vallejo; como pajaritos cayeron los pobres. Desde ese día, pasó a la historia la tragedia de Romero y su Prieta.

Y colorín colorado, la historia de este tamaño se las he dejado.

MORALEJA

«Camarón que se duerme, se lo tira un sapo».

Cuentos 85 Tenebrozos

Ilustradores

Dr. Alderete. Ilustrador pop egresado de la Facultad de Bellas Artes de la UNLP, Argentina, como diseñador en comunicación visual. Su trabajo se ha publicado en *Illustration Now* (Taschen); *Pictoplasma, Los Logos, Latino*, etc. (Die Gestalten Verlag); por mencionar sólo algunos. Es cofundador y propietario del sello discográfico Isotonic Records. En 2006 se asocia con Clarisa Moura, Quique Ollervides y Cha! para abrir KONG, la primera tienda y galería en México especializada en diseño gráfico, ilustración y arte urbano.
E-mail: contacto@jorgealderete.com

Julián Cicero. Nací, vivo y trabajo en la Ciudad de Mexico. Dibujo desde pequeño y este defecto ocasionó que acabara siendo ilustrador de tiempo completo. Lo que más me gusta ilustrar son libros infantiles, y creo que es lo que mejor me sale. Ahora me tocó ilustrar historias tenebrozas del Brozo, de quien, entre otras cosas, aprendí las maravillas del mañanero.
E-mail: cicerojulian@hotmail.com

Juan Gedovius. Nació en la Ciudad de México en septiembre de 1974. Trasnochador incorregible y pescador de dragones de mar, supo desde temprana edad que su camino, cualquiera que éste fuera, debía ser acompañado de lápices, pinceles, pintura o cualquier otra cosa que le permitiera capturar en papel todas aquellas criaturas moradoras de sueños, encontrando en los libros el medio perfecto para compartir con todos. Actualmente cuenta con más de cuarenta publicaciones y numerosas exposiciones dentro y fuera del país.
E-mail: juangedovius@yahoo.com.mx

Alejandro Magallanes. Es diseñador gráfico y se dedica a hacer carteles, libros, portadas, animaciones, letras, dibujos e ilustraciones. Su trabajo se ha exhibido en varios países y ha obtenido diversos reconocimientos nacionales e internacionales. Ha ilustrado más de quince libros para niños, y ha escrito dos: *Esto no es* (editorial SM) y *¡Ven, hada!* (editorial SM). Es miembro de la AGI (Alianza Gráfica Internacional) desde 2004. No suele ver el noticiero de Víctor Trujillo.
E-mail: alejandro@lmtgrafica.com

Éricka Martínez. Estudió la licenciatura en artes visuales en la Escuela Nacional de Pintura y Escultura (La Esmeralda). Ha expuesto en nueve ocasiones individualmente en diversos lugares entre los que se encuentran el Instituto Francés de América Latina, la Universidad Autónoma Metropolitana, la Librería Francesa, la Galería Jesús Reyes Heroles y el Museo Diego Rivera (Anahuacalli). Ha recibido innumerables premios y reconocimientos a nivel nacional e internacional y elaboró ilustraciones para cortinillas del Canal 11. Ha trabajado como ilustradora para múltiples editoriales como Trillas, Santillana, Alfaguara, Fondo de Cultura Económica, SM, etcétera.
E-mail: pintura_ericka@hotmail.com